XANTAYSI

XANTAYSI

Dheegag ka mid ah dharaarihii

GEDO
iyo
UGAAS XIRSI

IBRAAHIM AADAN SHIRE

GARANUUG

GARANUUG

Xuquuqda © Ibraahim Aadan Shire 2021
Xuquuqda oo dhan way dhowran tahay.
Buuggan ama qayb ka mid ah lama daabaci
karo, lamana tarjuman karo la'aanta idan
qoran oo laga helo qoraha iyo faafiyaha.

Dhigaalka, naqshadaynta, iyo qaabeynta
jaldiga: Muxammad Yuusuf.

Copyright © Ibrahim Aden Shire 2021.
All rights reserved. No part of this publication
may be reproduced, stored in any retrieval
system, or transmitted in any form or by any
means, including photocopying, recording,
or other electronic or mechanical methods,
without the prior written permission of the
author and publisher.

Cover image by MM Illustrates.
Typesetting and cover design by Mohammed
Yusuf.

www.garanuug.com
info@garanuug.com

ISBN: 978-1-8384008-2-8

TUSMO

Hibeyn	*ix*
Hordhac	*1*
KOOW	*13*
LABO	*27*
SADDEX	*69*
AFAR	*81*
SHAN	*89*
LIX	*101*
TODDOBO	*107*
SIDDEED	*111*
SAGAAL	*127*
TOBAN	*161*
Mahadnaq	*165*
Tixraac	*167*

HIBEYN

Buuggan waxaan u hibeeyay adeerkay Maxammed Shire Deer (Jiicow) oo fadliga Eebbe ku suuragaliyay inaan maanta wax qoro. Allaha u raxmadee, haddii uusan isaga ahayn maanta waxaan ka mid ahaan lahaa boqollaalka, aan ilma-adeerka iyo isku eyniga ahayn ee ilaa maanta, ree miyiga ku xisaabsan. Garashadiisi, deeqsinimidiisi iyo waafajinta Eebbe ayaa suuragalisay inaan magaalo ku koro, waxbarto oo aan ku dhiirrado inaan buug qoro maanta.

HORDHAC

Buugyarahani waxa uu tibaaxi doonaa taariikh nololeedkii, Alle ha u naxariistee (AUN), Ugaas Xirsi Ugaas Maxammed oo noolaa qarnigii labaatanaad. Masuulkaan oo ahaa reer Gedo ayaa taariikh mug weyn iyo saamayn xididdo aasatay ku yeeshay bulshada reer Waamo iyo gobollada deriska la ah. Wuxuu buugyarahani tilmaami doonaa noloshii kala duwanayd ee uu maray Ugaasku yaraantiisi ilaa dhimashadiisi. Shaqadiisi, waxtarkiisi, iyo caqabadihii uu la kulmay intuu taajku saarnaa ayuu wax ka mid ah iftiimin doonaa. Noloshii Ugaaska waxaa la socda, oo uu buuggu faaqidi doonaa, gobolka Gedo. Juquraafigiisa ayuu meelo ka iftiimin doonaa. Taariikhda gobolka ayuu si mug leh u dhex jibaaxi doonaa isaga oo findhicili doona dadkii kala duwanaa ee soo maray, qaar ka mid ah dagaalladii ka dhacay, iyo isbaddalladii uu maray gobolku ilaa si buuxda loogu aqoonsaday mid beel gaar ah caan ku tahay. Wuxuu isku dayi doonaa inuu ka jawaabo su'aalo muddo taagnaa siina jiri doona. Kuwaas oo ay mid yihiin: Gedo yaa asal u lahaa? Oromo iyo Soomaali kee ku soo horreeyay Waamo? Daaroodku goormuu yimid, gaar ahaan Marreexaan waqtigee Gedo soo galay? Iyo kuwo kale. Wuxuu suuragalin doonaa buuggu in dadkeennu uu helo xogo laga qoray dhulkooda waayo hore kuwaas oo ku qornaa afaf kale. Wuxuu akhristayaasha xiiseeya taariikhda dalkooda u bixin doonaa ilo ay ka heli karaan xogaha ay u baahan yihiin.

Maxaa igu dhaliyay qoridda buuggan?

Arrimo dhowr ah oo igu dhaliyay inaan buuggan qoro ayaa waxaa ugu culus xusuusta loo hayo dagaalyahannada iyo siyaasiyiinta ee aan loo hayn nabaddoonnada, ugaasyada, iyo aqoonyahanka. Mar la arko oo dagaalyahan caan ah degaan ku noolaa, waxaa la jiray samaddoon xalkiisa lagu xoolo daaqsado, colaadda uu dagaalyahanku huriyayna damiya. Hasayeeshee magaca nabaddoonkaasi waa uu dhintaa ama qarsoomaa halka dagaalyahanka magaciisu isaga gudbo xuduudaha uuna gaaro dacallada fogfog ee Soomaalidu ku nooshahay. Waxaan u joognay in AUN Cabdirisaaq Xaaji Xuseen iyo Maxamed Cali Samatar laga soo qaaday Maraykan maydkoodi si loogu duugo dhulkoodi, loo maamuuso tacsidooda aas qaran oo la jin ahna loogu sameeyo. Laakiin dhimashadii AUN Aw-Jaamac Cumar Ciise lagama soo qaadin inuu ka duwan yahay muwaaddin Soomaaliyeed oo dhintay. Madax sare iyo mid gobol toona ma maamuusin, iyadoo lagu doodi karo isaga iyo siyaasiyiinta sidaa loo sharfay in isagu Soomaalida u nacfi badnaa. Arrimahaan oo dhan waxaa ay ina tusayaan in Soomaalidu qiimayso dagaalyahannada in ka badan inta ay qiimayso samaddoonnada, waayo gacan-ka-hadalku dhaqankeenna ayuu sharaf ku leeyahay. Isagaan ku faannaa oo qiimo inoo leh halka nabaddu ay inoo ahayd buul uu ku cararo nin wax iska celin waayay aqoontuna inoo ahayd hawlaha kuwa haweenka ku hara waqtiga duullaanka la qaado.

Arrintaas inay wax ka baddal u baahan tahay maanta waan wada dareensannahay. Haddii uusan jirin samaddoon la yaqaan, oo laga sheekeeyo, la heli maayo dad wanaagsan oo ay jiilalka danbe ku daydaan. Mar walba oo magaca dagaalyahanku ama siyaasigu sare maro waxaa sii xididaysanaya dhaqanka gacan-ka-hadalka iyo duullaanka ee ay Soomaalidu caanka ku tahay kaas oo ay iyada uun isku hayso ee aysan cadow kale la beegsan. Sidaas darteed ayaan u go'aansaday inaan soo faago xiddigihii calammada Samaddoonnada siday ee magacyadooda la illaaway qaar ka mid ah. Si aan u gaaro hadafkaas, waxay duruuftu igu qasabtay inaan ka bilaabo inta aan xogtooda heli karo ama laga yaqaan degaannada aan ku soo barbaaray.

Waxaanse rejaynayaa inuu buugyarahani noqdo mid jid u fura qorayaal kale oo iyaguna soo faaga nabaddoonnadii degaannadooda ku aasmay.

Habraaca xog uruurinta buugga

Helidda xogta ku uruursan buuggan waxaan u maray labo wadiiqo. Tan koowaad, waa baaritaan xeel-dheer waqti badanna aan galiyay oo aan ka sameeyay degellada daabacan. Aniga oo isticmaalaya magacyada shakhsiyaadka aan wax ka qorayo ama kuwii la caasiray iyo degaannadii ay degi jireen ayaan baadigoob ka galay mareegaha aqoonta, warbaahinta, iyo kuwa arrimaha bulshada ee internedka. Xogta aan sidaas ku helay waxay u badan tahay mid uun iga anfacday gogoldhigga buugga iyo dhacdooyin kooban oo ku saabsan gobolka Gedo. Ma helin xog faahfaahsan oo ku saabsan caaqilka aan dhiganahaan u guntay oo horay loo daabacay.

Habka labaad ee aan xogtaan ku helay waa waraysiyo aan la yeeshay waxgarad badan oo meelo kala duwan jooga. Waxgaradkaan qaar fool-ka-fool ayaan ula kulmay oo aan su'aalo u weydiiyay, halka qaar aan kula xiriiray taleefan aan waraysi kaga qaaday. Waxaa sidaa oo kale jirtay in marar aan isticmaalay farriin qoraal oo aan dad dhawr ah xog dheeraad ah ku weydiiyay. Muddo labo sano ka badan ayaan raadin iyo ururin ugu jiray xogta aan halkaan ku soo gudbinayo. Dadka aan waraystay waxay isugu jiraan guxuushaa waa badan u beryay, facaadyahanno dhallinyar ah oo garasho iyo garaadba Eebbe ugu deeqay. Abwaanno qiimaha sooyaalka iyo suugaantu ugu fadhido aawadeed, xog badan oo muhiim inoo ahayd kaydshay.

Xog waraysiga laga uruuriyo Soomaalidu waa mid dhib badan laga maro shaki badanna leh. Soomaalidu, gaar ahaan kuwa Koonfureed, waa dad aan ku fiicnayn diiwaangalinta dhacdooyinka dhulkooda soo mara. Waxay sidoo kale ku faro adag yihiin inta ay hayaan oo si fudud kuma bixiyaan. Intooda bixisa waxaa ku adag habkii ay u gudbin lahaayeen inta ay hayaan. Waqti aad u badan, oo laga maarmi karay, ayaa iga galay shakhsiyaad aan xog kooban uga baahnaa. Qaar aan saaxiibbo kala warqaata ahayn markaan u sheegay inaan waraysi ka rabo ayuu go'ay xiriirkii hore ee aan lahayn markaasna aan ku qasbanaaday inaan u macaamilno sidii labo qof oo aan hore isu aqoon. Ehellada Ugaaska sharafta mudan ee buuggaani khuseeyo qudhooda iima fududaan inaan ka helo xogtaan uga baahnaa sabab keentayba.

Qoraa Axmed Faarax Cali (Idaajaa) ayay qolyo reer Koonfureed ah ku eedeeyeen in uusan ka caddaalad samayn uruurinta suugaanta Soomaalida. Waxay ku andacoodeen inuu gobollo gaar ah xusho xagga Koonfurtana uusanba soo eegin. Wuxuu kaga jawaabay eedayntaas dadka aan wax ka qoro iyagaa guriga igu soo garaaca oo i leh kaalay xogtaan baan hayaaye aabbahay, adeerkay, ama hebel kale ka qor.

Qof gurigaaga hortaagan iyo mid kaa sugaya inaad adigu gurigiisa ugu tagto miyaa siman? Alle ha iska daayee, Idaajaa wuxuusan ogeyn in xataa haddii uu guryahooda ku gaaraaci lahaa, gacan aysan ku siiyeen helidda xogaha ay hayaan.

Arrinta xog-diididda iila yaabka badnayd waxay ahayd inaan wacay sayncadde facaadyahan ah oo haatan 80 gu' jir ku dhow hadduusanba dhaafin. Waxaan ka rabay dhacdooyin kooban oo aan islahaa cid uga ogaal badan ma jirto. Wuxuu ii sheegay inuu wax badan ka hayo laakiin uu isagu doonayo inuu qoro. Waxaan ku iri qormadaas ayaa i anfici doonta oo xogta aan u baahanahay ka qaadan doonaaye, goormaad ku waddaa inaad nala wadaagto. Ma foga ee yara sug ayuu igu yiri. Intaan ogahay waxba kama uusan qorin arrintii iyada ahayd. Waqtigaas, oo laga joogo labo sano ka badan, ka dib waxaa igu adkaatay inaan helo farriimo badan oo aan u dirayna iigama soo jawaabin.

Waxaa kaloo u baahan in aan baraarujiyo in Soomaalidu aysan run ka sheegin, inta badan, sheekooyinka ay tebinayaan. Qofka aad waraysato wuxuu isku dayi inuu meel uun ka soo galiyo sheekada jifadiisa, ugu yaraan qabiilkiisa ama koox uu ka tirsan yahay ama gooni u taageero. Dhibkaan waa mid waqti dheer soo jiray. Waa mid aad ku arkayso qoraalladii ay kitaabeeyeen sahankii saancaddaha ee dhulka u yimid inuu qabsado. Sahankaan waxaa turjumaan ama dal mariye u noqon jiray Soomaali. Ruuxaas turjumaanka ah beesha uu ka dhashay ayuu ninka cadi ka dhigi jiray midda ugu laandheeraysan Soomaalida, ugu awoodda badan, mudanna in lala macaamilo. Waxaa dhacda labo qoraal oo waqti isu dhow la qoray, labo nin oo caddaan ah ay ka qoreen hal degaan oo labo beelood oo Soomaaliyeed midba gooni loogu sheegay inuu yahay kan ballaaran ee degaankaas u sarreeya.

Laga soo billaabo 1900 iyo kontomaadkii ilaa todobaatanaadkii waxaa jiray aqoonyahanno badan oo caddaan ahaa oo waqti badan galiyay barashada sooyaalka Soomaalida iyo raadinta asalkeeda. Aqoonyahankaan xogta ugu badan wuxuu ka raadin jiray sheeko dhaqameedyada la kala dhaxlay kuwaas oo inta badan laga dheegto noloshii waayihii tagay sideey u ekayd. Baarayaashii la tacaamulay Soomaalida aad ayay uga dayriyeen kalsoonida lagu qabi karo xogta ay uruuriyeen. Tusaale, Pirone oo 1954-tii qoray dhaqanka Soomaalida Ogaadeeniya wuxuu ka digay in aan lagu kadsoomin warka ay Soomaalidu sheegato. Wuxuu yiri, "Aad ayay u adag tahay in la sugo cidda ku soo horreysay Ogaadeeniya. Dhaqanka oo ah isha keliya ee aan xogta ka helayno waa mid aan xaddidnayn, maanka wareerinaya, mararna la falkiyo."

Sidaa oo kale, I. M. Lewis wuxuu qoray: "Soomaalida waxaa ku weyn Carabnimada iyo Islaamnimada. Sidaa darteed qabaa'illo badan oo Soomaali ah ayaa sheegta inay ka soo jeedaan Shiikh Carbeed oo Bariga Afrika yimid ka dibna ka guursaday dadkii degaanka sidaasna halkaas ugu tafiirmay. Sheekooyin iyo qisas ayaa dhaqso loogu allifaa shiikhaas, qabriyo iyo qubbado ayaana loo tiiriyaa oo lagu sheegaa inay yihiin halka ay ku aasan yihiin si loo waafajiyo duruufaha dhaqan-dhaqaale ee markaas jira". Hadalka Lewis waxaa dhabnimadiisa ku tusaya masaajidka Geed-Awoowe ee Baardheere ku yaal. Waxaa la sheegaa in geed halkaas ku yaallay uu harsaday duqii Daarood ahaa oo socdaal dhulkaas ku maray. Sidaas ayaa halkaas looga dhigtay mowlac lagu kulmo, Daarood lagu xuso, looguna duceeyo. Intaas waxaa looga sii gudbay in laga dhigay meel ay si rigli ah u joogaan wadaaddo wardiga u rida duqii Daarood ahaa. Laguma joogsane, waxaa loo dallacsiiyay masaajid weyn oo caan ku noqday 'Geed-Awoowe'. Si walba ayaa lagu garan karaa inaysan marnaba run ahayn in geedkaas cayiman Daarood ku nastay. Sababta loo falkiyay sheeko baraleydaan ayaa ah in dhulkaas, oo hadda Daarood deggan yahay, laga dhigo mid ab-kasoo-gaar ah ama awoowgood Daarood sii ishaaray in warasadiisu dhulkaan dagi doonto.

Jahawareerka ay la kulmeen baarayaashaasi waa mid aan anigaba i seegin. Intii aan ku jiray xog uruurinta buuggaan waxaan xiriir xog raadin ah la sameeyay dad badan oo qabiil ahaan iyo afkaar-diimeed ahaan kala duwan. Qof walba marka uu sheekada bilaabo waxaad garan qoyska uu yahay ama firqada diimeed ee uu raacsan yahay. Tusaale, labo nin oo isku qabiil ah laakiin kala jifo ah ayaan midba mar waraysi ugu tagay ku saabsan beelihii

Marreexaan ee Gedo ku soo horreeyay. Labadaan nin mid walba gooni ayuu u sheegtay in awoowgii shanaad ka mid ahaa sahankii ugu horreeyay ee Gedo soo arkay. Xaqiiqdii sahan la soo diray ma jirin, shakhsiyaad cayiman oo u soo horreeyayna cid garan kartaa ma jirto ee sumcad u raadinta qoyska ayaa keenay in la falkiyo sheeko aan maangal ahayn.

Taas mid aan ka duwanayn waxaan kala kulmay wadaaddo aan waraystay. Raggaan, oo suufiyo ahaa, markaan ku soo qaaday degiddii dhowayd ee Gedo waxay markiiba ku boodeen doorkii culimada suufiyadu ku lahayd saldhigashadii Marreexaan ee Gedo. Waxay kuu bilaabi sidii Shiikh Aadan Garjan ugu dhaaway Marreexaan iyo laantii gobka ahayd ee uu yiri ha la suro meesha loo yaqaan Busul oo dhinaca Bari ka xigta Garbahaarreey. Laantaas haddii ay dhacdo isaga carara meesha degaan idiin noqon maysee, haddiise ay baxdo dhulku idinka ayuu idiin hari doonaa ayuu ugu warramay raggii Marreexaan ee dhaawda ugu tagay bay ku dhihi. Laantii oo caleemaysay markii la arkay ayaa la xaqiiqsaday mustaqbalka dhulkaan iyo cidda uu degaan u noqon doono sidaas aawadeed ayay caado u noqotay in ruuxii ku abtirsada Shiikh Aadan Garjan la siiyo toddobo neef oo ari ah iyo qaalin geel ah ayay kuu tabin. Waxay ku marin kaalintii Shiikh Ismaaciil Makalaa iyo sidii uu ugu dhaaway ciidankii Marreexaan. Waxay kaa tuuri raadintii Sheekh Ibraahim Baardheere oo Reer Khalaf (Cumar Maxammuud, Majeerteen) ahaa iyo sidii uu ugu duceeyay Garbahaarrey oo biyo la'aan looga guuri lahaa, iyo in ducaddiisi ay maanta ku tahay il-biyood aan go'in. Waxay kuugu khatimi Sayid Warsame Jaamac iyo sidii uu ugu xirsi-xiray dadkiisi iyo degaankoodi oo ducaddiisi ka dib la soo agmari waayay. Sheekooyinkaan wax badan inay ka run yihiin way dhici kartaa. Gaar ahaan waqti waxaa jirtay asmada iyo asraartu ay ahaayeen hubka ugu culus ee ay qabiilooyinku isku ridi jireen. Hayeeshee, sababta ay wadaaddada aan waraystay intaan keliya u abbaareen waa eex jismiga ku jirta.

Eexdaas ayaa keenaysa inay u arkaan in culimadoodi keliya ay ahayd awoodda lagu meel maray ee mudan xusidda. Dhinaca kale, qaar ka mid ah wadaaddada sheekooyinka noocaan ah u yaqaan khuraafaad iyo diin la'aan ayaa iyaguna diidmo iyo raddin, aan booskeedi joogin, la dulmaray qisooyinka laga soo raray culimada suufiyada. Nin aan xog waraysi ugu tagay, tusaale, ayaa sheekadii dhexda ka soo galiyay: "Waxyaabaha quraafaadka ah ee suufiyadu sheegtaan dhab ha u qaadan dadkana ha u gudbin", taas oo uu ula jeeday in aanan qorin ama aanan ku darin taariikhda aan uruurinayo.

Haddaba aniga oo og isbaraanbarka sheeko Soomaaliga, eexda iyo qoys u iilashada, xasadka iyo dafiridda guulaha dadka kale gaareen, ayaan qaaday waraysiyada aan buuggaan ku saleeyay. Waxaan u fiiro lahaa ereyada dhagahayga ku soo dhacaya, cidda oronaysa, iyo sida ay macquul u noqon karaan. Kuwa uu shaki iga galo waxaan u raadiyay waraysi dheeraad ah ama xog kale oo kabi karta ama beenin karta. Intaan soo helay ayaan dib u faaqiday, kala hufay, haadiyay, oo meehaahay kuna dadaalay inaan dhabta ka soo dhalaaliyo. Sidaa darteed waxa aad akhrinayso waa miiddii iyo sixinkii xog raadintii aan sameeyay ee aayar *xantayso*.

Afeef

Hore ayaa loo yiri *ama afeef hore lahow ama adkaysi danbe*. Sidaas darteed, aniga oo og inaysan afeef keliya i deeqi doonin, ayaan muhiim u arkay inaan dhawr qodob sii qaddimo. Qodobbadaan ayaa ah kuwo aan hubo inay dhalin doonaan su'aalo dhaqsa ah. Haddii aanan ka wada jawaabi karin weydiimahaas, waxaa laga yaabaa in ay qaar daboosho afeeftaydaan. Inta aad akhrinayso buugga haddii aad ku aragto meelo kaa degi waaya, aayar ku soo laabo ciwaankaan isagaa laga yaabaa inuu ku shaafiyee.

Kow, waxaan caddaynayaa inaan buugga ku soo gudbiyay wixii xog ah ee aan helay lana xiriiray Ugaaska aan magaciisa buugga u unkay. Beelo badan iyo dad badan oo taariikh gobolka ku lahaa haddii halkaan laga arki waayo sabab kale ugama tagine, xariir ayaysan la lahayn ujeedka buugga ama xogta kala xiriirta ayaanan helin. Tan labaad, buugga waxaad ugu tagi meelo badan oo reero magacooda lagu xusay qaarna lagu soo celceliyay. Sheegidda qabiil magaciis waayadaan ceeb ayuu ahaa inaad ka ajootana waa laga yaabaa. Haddaba waa inaad maanka ku haysaa buuggu inuusan ka warramayn hoggaamiye dal ee uu ka sheekaynayo hoggaamiye qabiil. Haddiiba waxa laga warramayo oday dhaqameed yahay magac beel afka lagama ilaalin karo. Haddii la isku dayo in laga tago sheegidda beelaha way adkaanaysaa in la fahmo waxa laga hadlayo. Sidaa oo kale, wax badan lagama ogaan karo waxtarkii Ugaaska, caqabadihii uu la kulmay, iyo sidii ay u arkayeen raaciyaddiisi haddii aan la magac-dhabin reerihii taageeray iyo kuwii ku liqdaarnaa. Sidaas darteed magacyada beelaha meesha ku jiraa waxay u muuqdeen xog muhiim u ah fahmidda buugga iyo waayaha laga warramayo.

Ugu danbayn, kani waa dadaal hal ruux oo aadane ah. Hal qof dadaalkiisana nusqaantiisa ayaa badan. Tabartayda ayaan tallaabsaday, taagtayda ayaanna qoray. Eebbe ayaa xumaan iyo gef ka hufan. Dhaliil oo dhanna waxaa leh aadane. Kuma sii jiro qof anoo kale ah oo aqoon ahaan aan gaarsiisnayn heer uu isu muujiyo qoraa iyo aqoonyahan bulshada is-hortaaga. Sidaa aawadeed, wixii dhaliil ah ee ka muuqda buugga waxaan diyaar u ahay inaan aqbalo. Naqdinta iyo sixiddu waa mid furan oo agtayda qiimo weyn ku leh. Ma-qaldame xumaan oo dhan ka hufan waa Eebbe keligii.

KOOW

Waqti aad u dheer Soomaalidu ma lahayn dawlad dhexe iyo meel kulmisa maamulkooda iyo maslaxadooda. Waxay u degi jireen tolol kala madaxbannaan oo inta badan ooddoodu isgaarto. Tolalkaan waxay lahaayeen "hannaan madaxnimo [oo] ay isku maamuli jireen. Waxaa u samaysmay qaabab laysugu taliyo oo dhaxaltooyo ku salaysnaa, inta badanna inanka curudka, uu geeri dabadeed, aabbihiis ka dhaxli jiray. Tol waliba wuxuu lahaa madaxiisa u gaarka ah; kuwaas oo ku kala duwanaa uun, magacyadii ay maamuus ahaanta u lahaayeen amaba loogu yaqiin. Tolalka qaarkood waxay ugu yeeri jireen suldaan, qaar kale boqor, qaar kale garaad, qaar kale beeldaaje, qaar kale wabar, qaar kale ugaas, qaar kale imaam, qaar kale islaan, qaar kale malaakh"[1].

Inta uu madaxu nool yahay ayaa wiilkii dhaxli lahaa loo carbiyaa shaqada uu qaban doono. Maalinta caleentiisu cirka ka soo dhacdo, dhaxal-sugihii oo diyaarsan ayaa xilka la wareega. Maalin loo ballamay ayaa lagu caano shubaa goob lagu ballamay. "Isla goobtaas wey ku xoolayn jireen, iyagoo ka dhawraaya intuu saboolo inay ceebi ugu soo dhuumato ama marti soo tammadisay wax uu siiyo uu u waayo. Muddo markii la joogana, dharaar loo ballamay ayaa loo dabbaaldegi jiray oo fardaha dushooda loogu geeraari jiray. Waxay ahayd hab lagu ogaysiin jiray in tolkii wada okobban yahay oo tiisa uun lagu gawracan yahay.

Guud ahaan waxay ahaayeen rag aad loo maamuuso weedhoodana, si dhab ah, loo tixgaliyo. Hase la maamuusee, haddana madaxdii hore ee Soomaalidu xagga meekhaanka meel kama wada joogin. Qaar baa magacoodu ku ekaa reerihii ay u duubnaayeen dhexdooda oo keliya. Qaar baase warkoodu dheeraan jiray, oo degaanka ay u boqran yihiin meelo aad uga durugsan laga hadal-hayn jiray, magacyadoodana lagaga haasaawi jiray. Qaar baa darajadii la huwiyay ay hafaryo ku ahayd. Qaar baase tilmaamaha dad-wadidda in badan ka lahaa oo qolyaha ay u taliyaan ka sokoow, derisyada ducadoodana gurubsan jiray. Qaar baa hadday iishaan aan la tabi jirin. Qaar baase, geeridooda cid

---

[1] Idaajaa (2017), b.111.

maqashaaba ay dhab ugu murugoon jirtay"².

Beesha Marreexaan waxay ka mid ahayd tolalka Soomaaliyeed ee madaxooda *Ugaas* ugu yeeri jiray. Sida Soomaalida kale, ayuu curudku dhaxli jiray silsilad sidaas u taxanna ay ku socotay markii laga reebo marar yar oo geeri ama dhib kale uu isbaddal keeno. Ugaas Xirsi jidkaa ayuu ku yimid. Labaatan ugaas oo aan leexad lahayn ayuu ku abtirsadaa. Haddii ugaasyadu kala meekhaan korreeyaan kuwa birimada ah ayuu ku jiray; haddii qaarkood saamayntoodu deriska ay gaarto kuwa cid taqaanba u ducayso ayuu ka mid ahaa; haddii qaarkood geeridooda loo wada murgo, kuwa maqnaanshahooda mugdiga la dareemo ayuu safka hore uga jiray. Sooyaalka ugaasnimo ee Marreexaan, wuxuu kaga jiraa kaalin muuqata. Waxaaba lagu doodi karaa inuu Ugaas Diini ka dib ugu magac dheeraa uguna saamayn badnaa ugaasyadii Marreexaan soo maray.

Abtirkiisa iyo Qoyskiisi

Waa Ugaas Xirsi, Ugaas Maxamed, Ugaas Maxamuud, Ugaas Guuleed, Ugaas Cali, Ugaas Jaamac, Ugaas Guuleed, Ugaas Sharmaarke, Ugaas Diini. Wuxuu guursaday afar xaas oo labo la isku xigsiisamay. Guud ahaan wuxuu dhalay dad badan. Curadkiisu wuxuu ahaa Ugaas Xaashi oo ah aabbaha Ugaas Maxammed Ugaas Xaashi oo hadda haya

---
2 Idaajaa (2017), b.112.

xilka ugaasnimo. Waxaa ku xigay Ugaas Cumar Ugaas Xirsi oo ahaa ugaaskii kan hadda jooga ka horreeyay xilkana hayay muddo 50 sano ku dhow.

Ugaasku wuxuu ahaa nin joog leh oo toosan. Midabkiisu wuxuu ahaa maarriin caddaan xiga. Wuxuu lahaa waji shuban iyo san dhuuban. Muuqaal quruxsan oo laga haybaysto ayuu lahaa inkastoo la sheegay inuu gar-malleeti ahaa. Ma uusan ahayn mid hadal badan oo afmaal ah. Wuxuu ahaa mid xishood badan, kaadsada oo hadalkiisu kooban yahay. Wuxuu ahaa mid la tashada dadkiisa, dhaqso aan go'aan qaadan oo tixgaliya aragtiyaha kale. Wuxuuse ahaa mid go'aan adag, hal adag, oo aan ka laaban guddoonka uu rido. Wuxuu ahaa xalaalquudad xooggiisa ku nool. Waqtigii dheeraa ee uu hoos tagi jiray Talyaaniga, waxaa la ii sheegay in uusan qaadan jirin gunnadii gumeystuhu bixin jiray ee loo yaqiinnay 'Baago'. Noloshiisi reerguuraannimada ayuu ku dhaqmay oo ku dhintay. Reerkiisa ayuu dhaqan jiray. Xoolo badan ayuu tabcaday dadkiisana lagama garan jirin. Wuxuu ahaa mid diin leh, cibaadaysta, bunka iyo tusbaxuna calaamad u yihiin. Wuxuu ahaa mid ilaaliya dhaqanka iyo sharafka uu huwan yahay. Waqti badan oo uu joogi jiray Luuq weligiis maqaayad cunto kama uusan cunin. Sababta ayaa ahayd in maqaayaduhu ahaayeen caado cusub iyo camal magaaladu la timid. Ka cuniddeedana wuxuu u arki jiray in muunadiisa ay wax u dhimayso.

Noloshiisa Qaybteedii Hore

Sidii Soomaalida xoolo-dhaqatada ah uu xaalkeedu ahaa, lama yaqaan goorta uu dhashay Ugaas Xirsi iyo kobta uu ku dhashay. Waxaa la hubaa oo keli ah in uu dhashay tobanlihii u danbeeyay qarnigii 19-aad iyo in uu ku dhashay dhulkii la oran jiray Ximan haatanna loo yaqaan Galgaduud. Dhalashada Ugaas Xirsi waxay ku beegnayd waqti dhulka Soomaaliyeed uu galay marxalad ugub ahayd. Waa goortii uu billowday fufkii saancaddaha ee doonayay in uu qabsado dhulka Soomaaliyeed. Wax badan lagama oga beesha Marreexaan xaalkeedu sida uu ahaa waqtigaan. Waxayse ahayd beel xoola-dhaqato rasmi ah. Kuma aysan jirin beelaha dega xeebaha iyo kuwa samaystay magaalooyinka.

Dilkii Ugaas Maxammed

Wax badan lagama oga hoggaankii Ugaas Maxammed wax raadreeb ah oo la taaban karana lagama hayo. Waxaa la sheegay in uu ku dhintay gacan Daraawiisheed. Sababta si dhab ah looma oga. Dhawr war ayaa la sheegaa: Mid waa in uu Sayidku u yeeray kana codsaday in uu ciidan iyo cudud keeno, ka dibna uu ka madax-adaygay sidaasna uu Sayidku ku amray dilkiisa. Sheekadaan waxay leedahay Sayidku wuxuu liqi waayay in Ugaas Maxammed si qaxayan hortiisa uga yiraahdo ciidan kuuma hayo. Labo darwiish ayuu ka dabo diray markuu ka baxay, labadii ayaana marjiyay oo sidaas ku dilay. Mid kale waxay leedahay Sayidku uma yeerine, Ugaasku isagaa aaday. Waxaa ku madaxadaygay beeshiisi oo diidday inay wax ka maqasho. Gaar ahaan waxaa la xusaa inuu ka carooday rag reer Dalal Ugaas Diini ahaa oo ku madax-adkaaday. Sidaas ayuu ugu kacay Taleex iyo xarun Daraawiish. Waxaa lagu dilay meesha la yiraahdo Yaaheel oo Laascaanood u dhow iyadoo looga shakiyay inuu doonayo inuu baxsado. Waqtigaan wuxuu ahaa goor beelo badan Daraawiish ay ka horyimaaddeen. Gaar ahaan waxaa ciidammada Daraawiish ka goosan jiray rag ka soo jeeday beesha Marreexaan. In la dilo ciddii lagu ogaado qorshe baxsasho ayaa socotay. Nasiibdarro Ugaaska ayaa si khalad ah sidaasi ugu baxay gacan Daraawiish.

Sheeko kale ayaa leh, meesha lagu dilay inay dhul Daraawiish ahayd waa jirtaaye cidda dishay ma ahayn Daraawiish. Niman Shirwac Ugaas Sharmaake ah, oo arkay inuu dayacan yahay ayaa u arkay fursad ay isaga ku dilaan iyagana aan loogu qabsan sidaasna ku khaarajiyay.

Reer Shirwac Ugaas Sharmaake, ilaa markii Ugaas Guuleed oo ina Ugaas Sharmaake Ugaas Diini ahaa taajka la wareegay, waxay dagaal ugu jireen sidii ay ugaasnimada u qaadan lahaayeen. Sababta keenaysay ayaa ahayd in Shirwac ahaa curadkii Ugaas Sharmaake. Taas oo ka dhigaysay dhaxal-sugaha rasmiga ah ee ugaasnimada. Nasiibdarro, Shirwac wuxuu dhintay Ugaas Sharmaake oo weli nool. Sidaas ayuu Guuleed oo curad-ku-xigeen ahaa ku hantay ugaasnimada Marreexaan dhimashadii aabbihii ka dib, carruurtiisana ay ugu wareegtay dhaxaltooyada ugaasnimadu. Si loo weriyaba, Ugaas Maxammed waxaa lagu dilay dhul Daraawiisheed isagoo ka fog tolkiis. Gabayga hoos inoogu imaan doona ee uu tiriyay Aadan-Gurey ayaa tilmaamaya maqnaanshaha ugaaska iyo in Yaaheel ugu war danbaysay geeri iyo nolol toona aan lagu hayn. Wuxuu yiri:

Ugaas Maxammed orod buu ku maray idanki Yaaheele
Mana ogin amwaad inuu yihiyo inaan arkaynaaye
Ninkii uunka boqorkiis ahaa lanaga aynfaadye.
Allow keene waxaa iil ku xiray niman Amxaara ah'e.

Waxaase yaab leh in aysan dhicin colaad ka dhalatay dilkiisi iyo cid loogu aaray toona, middaas oo ah mid aan lagu aqoon beel Soomaaliyeed oo ugaaskeedi la dilay. Aarid la'aanta iyo sida fudud ee lagu illaaway dhacdadaas waxay muujinaysaa taagdarradii uu Marreexaan waqtigaas ku jiray. Wuxuu ahaa waqti ay isugu darsameen hoggaan la'aan iyo colaado gudaha iyo dibadda ah. Degaannadii uu Marreexaan ku sugnaa waxaa ka jiray fowdo xargo goosatay iyo dagaallo Marreexaan dhexdiisa ah oo jilibba kan uu ka taag roon yahay weerar ku caddayn jiray.

Islaynta ayaa ilaa gunta socotay ilaa ay gaartay ilma-adeerro labaad oo isgumaaday.

Qarnigii 20-aad Soomaalida wuxuu ugu dhashay xaalad murugsan oo wajiyo kala duwan u saamaysay Soomaalidii xoola-dhaqatada ahayd. Degaannada Soomaaliyeed oo dhan waxaa ka holcayay colaado kala cayn ah. Gumeystihii reer Yurub, iyo Xabashidii dhul iyo gumeysi doonka ahaa jihooyin dhawr ah ayay dabka ka shidayeen. Baraarugyo aan badnayn oo la isaga caabbinayay fufka gumeystaha ayaa iyaguna meelo ka bilowday. Dhinaca kale, waxaa socday isballaarin ay samaynayeen boqortooyooyin meelo kooban ka jiray sidii middii reer Keenadiid iyo middii Boqor Cusmaan. Waxaa iyaguna aloosnaa colaado ujeeddo la'aan ah oo Soomaalidu qoys-qoys isugu laynaysay. Kooxahaan ujeeddooyinka isdiiddan leh meelaha ay ku wada kulmeen waxaa ka mid ahaa dhulka maanta loo yaqaan Gobollada Dhexe ee Soomaaliya ilaa degaannada Shilaabo. Xabashi, Daraawiish, iyo Saldanadii Cali Yuusuf ayaa intaba isku dayay inay xididdada ku aastaan dhulkaan. Dadka dhulkaas degganaase qayb muuqata kuma aysan lahayn dedaallada dhulkooda lagu degayo. Waxay ahaayeen dad xoola-dhaqato ah oo aan war u hayn duullaannada dibadda kaga yimid carrigii ay ku noolaayeen. Waqtigii ay ku baraarugeen in la soo buux dhaafshay wuxuu noqday goor aysan tahli karin awoodaha qabsaday oo ku hubaysnaa hub casri ah iyo siyaasado leh ujeeddooyin ka fog kuwii Soomaalidu taqaannay ee ahaa kala qaadida geela iyo ceelasha laga cabbo. Nin ciidan u noqday mooyee, bulshada inteedi kale waa la jaanqaadi wayday isbaddalkii dhulkooda ku soo kordhay.

Arrintaasu waxay keentay inay dhibaatooyin badan kala kulmaan ciidammada ka tirsan kooxaha isdiiddan. Saldanadii Cali Yuusuf waxay ku soo rogtay dadkii uu gaarayay maamulkoodu bixinta xoolo cashuur ah. Qoladii diidda ama u hoggaansami wayda amarrada ka soo baxa Dhuusamarreeb, Ceelbuur, ama Hobyo waxaa lagu qaadi jiray duullaanno lagu ciqaabayo oo geelal looga soo qaado ragna lagu laayo. Daraawiish xaggeeda culeys badan ayaa ka jiray oo geelasha iyo ragguba naxariis kama heli jirin. Xabashida ayaa iyaduna dhankeeda ka wadday weerarro aan kala go' lahayn oo dadka ay soo gaarto ku waxyeellayn jirtay.

Xoogagga ku loollamayay dhulkaan waxaa ay ka sinnaayeen in ciidankoodu ku noolaa waxa ay dhacaan ee aysan siin jirin mushahar iyo daryeel kale toona. Taas oo keentay in tuutaha la isu isticmaalo ilaa labo ilmaadeer ahi awooddaas isku mooroduugtay. Nin la socday kooxdaas qawlaysatada ah oo la oran jiray Maxamuud Saayiin Cabdille ayaa geel la soo dhacay qayb ahaan waxaa ugu soo aaday neefaf uu ku jiray rati uu lahaa gabyaagii caanka ahaa ee Aadan-Gurey Maxamed Cabdille. Aaadan markuu arkay awrkiisi oo inaadeerkiis haysto ayuu isku qanciyay inuu xeradiisi ku soo laabtay. Inta u tagay ayuu ku yiri i sii ratigayga. Maxamuud ayaa ku jawaabay in uu awrka qayb ahaan uga helay geelii badnaa ee ay qaadeen. Garowsho la'aanta Maxamuud iyo sida ay u hodayso awoodda uu ku soo helay askarinnimada iyo dhibaatada ballaaran ee qawlaysata hubaysan geyiga ka gaysteen ayuu gabay ku cabbiray Aadan. Gabaygu wuxuu tilmaamayaa in dhibku wada gaaray dadkii degaankaas. Wuxuu magacdhabayaa beelo Makaahiil (Ogaadeen) ah iyo Marreexaan jifooyinkiisa badankood. Wuxuu ku soo xirayaa gabayga in sida Maxamuud iyo ragga la mid ahi u qooqeen sidii dad halaag loo wado. Waxaa kale oo uu tilmaamay in uusan ka hari doonin awrkiisa. Wuxuu yiri Aadan:

Abhareeri ooddii Wardheer iyo Aboodiile.
Afka Yaygalood iyo intii Eelcad ararteeda.
Kama olosho ayrooy hashii udubka dheerayde.
Ismaaciilku kama ooho dhoho waxaad ogaydeene.
Ibraahiin aroorkii ma dhigo ooddi Xagarrey e.
Aagaamo kuma tuujiyaan ugub cayuumeede.
Allow mahade reer Samatar Khalaf waa iblays
    lumaye
Odoliyo garxiir looma oga awr ay tu'iyaane.
Ayaxii la soo fuuli jiray agabla weeyaane.
Ilma adeerro ooddood la waa ula caddoodiiye
Wagardhucu wataa oyday oo yaa eheey tiriye.
Axmad Wayd sidii loo ajalay uunku wada qoofye.
Garaadkii arlada qooqi jiray omos la hayruubye

Reer Diini waa wada ilyaas il iyo geesla eh'e
Bah Xawaadle waa wada agoon shahar ilaasha
 ah'e
Reer Kooshin awrtaad ogayd iyo idil ma maalaane
Nimankii shabeel u amranaa sooma oriyaane.
Reer Siyaadkii uunka u adkaa awrti laga qaadye.
Ugaas Maxamed orod buu ku maray idanki
 Yaaheele
Mana ogin amwaad inuu yihiyo inaan arkaynaaye
Ninkii uunka boqorkiis ahaa lanaga aynfaadye.
Allow keene waxaa iil ku xiray niman Amxaara
 ah'e.
Adoo i og adoo i arki jiray ima abbaarteene.
Aqli xumada waxa kuugu wacan suulka aw
 Midige.
Aleeshiyo haruubbada udgoon baa ku uur maraye.
Waxba ilxirkaan yuu ku hodin iyo aqalladaan
 weyne
Wuu ida la qooqaa ninkay axaddu dhaaftaaye.
Adaan oday la sheekaysan jirin uurkubaalle eh'e
Waa ereg intaad haysataa waanna kuu iman'e.

Waxaa intaas sii dheeraa dagaal umula-doox ahaa oo uu Marreexaan dhexdiisa isku hayay. Waqtiyadaas gabay la tiriyay oo tilmaamayay in sababta Gedo loogu guurayo ay ka mid ahayd laynta arxandarrada ahayd ee Marreexaan qaarkiis kuwa kale ku hayay tuducyo ka mid ah ayaa ahaa:

Reer Yuusuf tuducduu ahaa tobanba meel aad

Cali-Dheere taar iyo warqado toos ah baa u maqan
Tashigoodu noqoy Gedo inay mar u tallaabaan
Anna talo xumaan uga haree kama tan roonayn
Tubti ay walaalahay mareen baan tacabbiraayaa
Shardi aan u tago awrtu waa inay taxnaataa.

Soo aadiddiisi Gedo

Dhibaatooyinkaas uusan u babacdhigi karin ayaa qasbay inuu qaxo oo dhinaca Gedo afka saaro. Reer-reer iyo jilib-jilib ayaa loo guuray. Kaan markaas guuri karin qorshihii uu Gedo ku aadi lahaa ayuu ku jiray ama ugu yaraan cindiga ayuu ku hayay inuu mar uun meeshaan isaga huleelo sida gabayga kore inooga muuqata. Waqtigaas ayaa la baxshay maahmaahda ah "Marreexaan Gedo rimman, madaxna timo rimman."

Ugaas Maxamed wuxuu ka tagay gabdho dhawr ah iyo Xirsi oo yar. Wareerkaas iyo walaahowgaas lagu jiray goorta la dilay Ugaas Maxamed ayaa keenay inaan dhaqso ugaaskii baddali lahaa loo caleemo saarin. Waxaa muuqaata inaan xataa la isku hawlin ilaalinta iyo diyaarinta halka wiil ee uu ugaasku ka tagay si loo caano-shubo waqtiga ku habboon. Taas ayaa keentay in ilmo Ugaas Maxamed oo agoon ah ay la soo guuraan reero qaraabadooda ah oo Gedo hayaan u soo ahaa.

LABO

Gedo waxay dhacdaa koonfur galbeed Soomaaliya. Waa gobolka labaad ee Soomaaliya ugu dhul weyn waxaana lagu sheegaa cabbirkiisa 85000 km². Waxay xuduud-beenaad la leedahay dalalka Kiiniya iyo Itoobiya. Marka laga eego xagga xuduud daleedka waa labo-xuduudle (Kiiniya iyo Itoobiya), markiise laga eego xagga gobollada waxay seere la leedahay siddeed gobol — Baay, Bakool, Jubbada Hoose, Jubbada Dhexe, gobollada Wajeer iyo Mandheera oo ka mid ah dhulka Soomaaliyeed ee Kiiniya haysato, iyo gobollada Liibaan iyo Afdheer ee ka tirsan dhulka Soomaaliyeed ee Itoobiya gumeysato.

Gedo waxay maalinta aan buuggan qorayo ka kooban tahay lix degmo oo kala ah: Garbahaarrey, Baardheere, Ceelwaaq, Luuq, Doolow, iyo

Baladxaawo. Waxaa, sidoo kale, jira labo degmo oo aan helin aqoonsi buuxa. Labadaan degmo, waa Buurdhuubo iyo Ceelcadde e, waxaa aqoonsaday dawlado dalka mar soo maray laakiin aqoonsigaas dood badan ayaa la galiyay. Markii la dhisayay maamulka Jubbaland ee hadda gobolku ka mid yahay labadaan degmo waa laga reebay. Magaalooyinkaani dhammaan waa dhul biyood. Qaar webiyada dalka ayaa dhex mara, sida Doolow, Luuq, Buurdhuubo, Baardheere, iyo Baladxaawo. Garbahaarrey iyadu waxay leedahay il biyo oo aan go'in waxaana marta bohol weyn. Ceelwaaq sida ka muuqata magaca waxay leedahay ceelal caan ah oo aan biyo yarayn haba qaraaraadeene. Waa ceelal biyo badan oo weliba shan mitir oo keliya lagu gaaro biyahooda.

Hasa ahaatee, cimilo ahaan dhulka Gedo sida uu u badan yahay waa dhul engegan oo roobyarow ah. Sida Soomaaliya inteeda kale ayuu sannadkii labo jeer roob helaa. Dhibica roobkeeda ayaa lagu qiyaasaa inuu u dhexeeyo 150 mm ilaa 400 mm sannadkiiba. Heerkulka gobolka ayaa u dhexeeya 22 ilaa 35 digrii taas oo ka dhigaysa meelaha dalka ugu kulul. Goobaha qaar, sida Luuq, ayaaba heerkulkoodu gaaraa ilaa afartan digrii. Juqraafi ahaan, dadka degaanku, waxay gobolka u qaybiyaan: Bakool, Gubbo, Garbo, Gawlin, Diir-haro, Bay-gaduud, Adable, Kuunyo, Sar, Gawraar, Dhaah, Gogol, Daawo, Raamo, Shawaay, iyo Kureed. Mid walba oo magacyadaan ka mid ah wuxuu u taagan yahay macno u gaar ah dhulka la siiyay ciiddiisa iyo cimiladiisa kuwaas oo buuggani uusan qaadin in uu faahfaahiyo.

Taariikhda Gedo

Gedo waxaa gobol madax-bannaan lagu magacaabay 1974-kii waqtigaas oo wareegto ka soo baxday maamulkii Kacaanka uu ka dhigay gobol caasimaddiisu tahay Garbahaarrey. Waqtigaan ka hor waxay ka mid ahayd Alta-Jubba, oo uu Talyaani u la baxay, taas oo ka koobnayd Gedo, Bay, iyo Bakool. Talyaanigu wuxuu kala wareegay Ingiriiska bishii Juun 1925-kii isaga oo ka baddalay magaceedi ahaa Jubbaland. Wareejinta Jubbaland ayaa ku fadhiday heshiis dhacay sannad ka hor waqtigaas, kaas oo Ingiriisku abaalgud uga dhigay dhulkaas Soomaaliyeed dawladdii Talyaaniga oo garab ku siisay Dagaalkii Koowaad ee Dunida, sida aan gadaal ugu tagi doonno.

Gedo waxaa dega beelo Soomaaliyeed oo badan. Dhulka miyiga ah waxaa ku keli ah beesha Marreexaan oo aan la tarraxin waqtigaan, halka magaalooyinka qaar lala dego. Baardheere waxaa wax ka dega Raxanweyn iyo Ajuuraan. Waxaa sidaa oo kale degaan ku leh balse dad uusan ka joogin waqtigaan beesha Cawlyahan. Degmada Luuq waxaa Marreexaan ku weheliya Gabaaweyn, Raxanweyn (Macallin-Weyne iyo Gasaara-Gude), Dir (Gaadsan iyo Fiqi-Muxumed), Carab, Ashraaf, Harti, iyo Ogaadeen. Ceelwaaq waxaa degaanka wax ku leh Garre, halka Buurdhuubo xadkeedu gaaro dhul Raxanweyn sidaasna ay maamulka qoondo ugu yeesheen.

Gedadii dawladdii Soomaaliya gobolka ka dhigtay waxaa soo gudagalaya dhul aad u ballaaran oo uusan Marreexaan meelna ka degin. Tusaale ahaan, Gedo waxay dhinaca Luuq xuduud kala leedahay gobollada Afdheer (Soomaali Galbeed), Bakool, iyo Baay. Dhinaca Afdheer xadku wuxuu ku eg yahay Naar-Ka-Bood oo qiyaastii 70 km u jirta Luuq. Dhinaca Bakool wuxuu ku eg yahay Ceel-Boon oo qiyaastii 50–60 km u jirta Luuq, halka dhinaca Baay uu ku eg yahay Qansax-Oomane oo qiyaas ahaan ilaa 90 km u jirta Luuq. Dhulkaasi Gedo ha ku tirsanaado magac ahaane, maamul ahaan wuxuu raacsan yahay gobollo kale oo ay u badan yihiin beelaha deggan.

Dhinaca labaad ee xuduudda Gedo laga eego waa hab-degaankii qabiillada ee magacaabidda ka hor. Kaas waxaa xuduud u ahaa webiga Jubba. Webigaas wixii ka soo rogan ee xagga koonfureed ka xiga ayaa loo aqoon jiray dhul Marreexaan sida uu maanta yahay. Magaalooyinka qaar, sida Baardheere, oo webigu bartanka ka maro waxay u kala qaybsanaayeen geddi Marreexaan iyo geddi Raxanweyn. Sidaa darteed markaan leenahay dhulka miyiga cidna lama degto Marreexaan waxaan ula jeednaa wixii webiga ka soo rogan ama habraacii qabiillada ee Kacaanka ka hor.

In beesha Marreexaan noqoto degaanka dhabta ah

ee buuxiyay dhulkaan ma aha mid qadiim ah, sidaa oo kalana ma aha mid dhowaan uun bilaabmay. Marka aan leeyahay qadiim ma aha waxaan ula jeedaa in ay iyadu noqoto beesha keliya ee si buuxda u degta dhowaan ayay dhammaystirantay. Waxaa jiray waayo ay beeshu meelo kooban keliya ka degi jirtay gobolka. Waxaa sidaa oo kale jiray marar ay intiisa badan wada gaartay balse meelaha qaar looga badnaa. Isballaarintaanu ma aha mid hal waji keliya ku dhacday. Qayb waxay ku timid dagaal iyo dhibaatooyin badan oo loo maray halka qayb ay ku dhacday si dabiici ah. Sida uu ii sheegay Shiikh Ibraahim Buulle Ciise, oo ah facaadyahan iyo juqraafiyahan si gooni ah Gedo iyo Waamo u yaqaan, Gedo waxaa ka dhacay afar dagaal oo irrid u ahaa isballaarinta Marreexaan. Dagaalladaan waxay u dhexeeyeen beelihii kale ee ay oodwadaagta ahaayeen ee Soomaaliyeed marka laga reebo kii ugu horreeyay ee dhacay ayaamihii dhulka la yimid. Dagaalkaas ayaa u dhexeeyay Soomaali, Marreexaanna ka mid yahay, iyo Wardeey oo waqtigaas gaalo ahayd.

Dagaallada noocaan ah iyo dhul kala riixashadu ma ahayn kuwo u gaar ahaa beeshaan Marreexaan. Waxay ahaayeen kuwo Soomaali u dhexeeyay oo qoloba mid kale riixaysay ilaa maantana socda oo aan istaagin. Waa arrin reer miyinnimadu ay keentay oo aan laga gudbi doonin ilaa si saani ah baladka loo dego. Beelaha Gedo laga riixay iyaguna waxay riixeen beelo kale oo kuwa kale sii durjiyay sidaas ayayna silsilad dulan oo aysan cidna ku qadin u ahayd. Tusaale ahaan, baresare Cabdalle Mansuur wuxuu qoray in qabiillada Dir iyo Hawiye uu degaankoodu ahaa Sanaag iyo Bari wixii ka horreeyay qarnigii 10-aad; "Dhanka deexda Waqooyi ee labadaas gobol waxaa ku sugnaa beelaha Direed, dhanka Bari ee gobolka Barina, siiba degaanka Xaafuun beelaha Hawiye ayaa ku sugnaa." Ka dib waxaa beelahaan ka dhex beermay qabiillada Isaaq iyo Daarood. "Labadaan beel mid waliba markeedi hore waxay bahaysatay qabiilka Direed, iyagoo la dagaallamaya Soomaalidii kale ee aan markaas weli Islaamin. Markii danbe labadaasi waxay bilaabeen inay ku soo jeestaan qabiilkii Direed iyagoo ku durkinaya qaarkood xagga Waqooyi-galbeed (ilaa degaanka Saylac) qaarna bahaysanaya." Dir qaarkeed, sida Biimaal waxaa loo riixay dhinaca Koonfureed. Beeshaan ayaan degtay Marka oo ay ka riixatay beesha Jiiddu. "Dadka daggan deegaanka u dhaxeeya Xamar iyo Warsheekh dhaqankoodu wuxuu sheegaa in deegaankaas ay soo mareen saddex sagaal oo midba mid kale goobta ka eryayo (Sagaal Jiiddu, sagaal Ajuuraan iyo Sagaal Abgaal)" (Cabdalla Mansuur, 2016, bb.183–4). Sidaan og nahay degaankaas waxaa ugu danbayn u haray Sagaal Abgaal.

Waxaa aad loo rumaysan yahay, oo ilaa yaraantaydii aan maqli jiray, in Gedo loogu yimid Booran iyo Oromo sidaasna dagaallo ku dhex mareen Sade iyo iyaga. Waqtigaan Soomaalida oo qabiilooyin badan ka kooban hal magac ayay lahaayeen kaas oo ahaa Aji. Markaan waxay dagaal ba'an Ajidu dhulka kaga eryatay gaashaanbuurtii Ajuuraan oo ka koobnaa Ajuuraan iyo Wardeey. Markii Aji isu soo hartay iyadii ayaa dib isu laysay oo dhul kala riixasho bilowday. Dagaalladaan iyo sida ay u dhaceen iyo cidda asal ahaan dhulkaan u lahayd kama bogan karno innaga oo aan dib ugu laaban qarniyo dhawr ah ka hor iyo loollankii Oromada iyo Soomaalida.

Oromo iyo Soomaali keebaa degaan u lahaa Waamo?

Soomaalidu, iyo qaar ka mid ah isir-yaqaanno shisheeye ahba, waxay aaminsan yihiin in dhulkaan ay degaan u lahayd Gaalle (Gaalle waa magac gudo weyn oo kulmiya beelo aad u tiro badan oo ay ka mid yihiin Oromo, Booran, Caruusa, Wardeey, iyo kuwo kale oo badan. Gaalle ama magicii kale ee aad aragto intaan ayuu ku dhacayaa). Bari, Galbeed, Waqooyi, iyo Koonfur iyo inta dhexdooda ah qolo walba waxay rumeysan tahay in ay dhulkaan Booran degganayd xoogna uga furatay. Waxaa la soo xigtaa sida dhulkaas loogu dagaallamay, loogu adkaystay, dhibkii laga la kulmay qabiilladii degganaa, loona qabsaday. Waxaa lagu celceliyaa in dhulkaan uu Oromo iyo Booran degaan u ahaan jiray. Beelaha Soomaaliyeed ayaa qoloba gooni ugu tookhdaa in ay iyadu tahay tan dadkaas dhulkaan ka kicisay. Siciid Cismaan Keenaddiid ayaa buuggiisa *Xasuus*

Qor ku sheegay sheeko dhacday 1992-kii. Labada beelood ee ku loollama magaalada Gaalkacyo ayaa shir nabadeed isugu yimid. Malaha qorshuhu wuxuu ahaa in la isaga garaabo cidda leh magalaada iyo sidii loogu wada noolaan lahaa. Wuxuu yiri Siciid: qolaa tiri, "Walaalayaal magaalada yaan muran la gelin oo annagaaba ku soo horraynay oo gaalo ka kicinnay waana waxa Gaalkacyo loogu bixiyey." Sidaas ayaa kuwa jooga Hargeysa iyo kuwa deggan Gaarisa iyo inta u dhexaysa mid walba u sheegtaa in ay dhulka ugu yimaaddeen gaalo madow. Gedo waxay ka mid tahay meelaha sida weyn loo rumeysan yahay in Oromo laga kacshay. Haa waa dhab in mar laga kacshay. Waxaase su'aal ka taagan tahay: yaa u soo horreeyay dhulkaas—Soomaali mise Oromo? Macnaha ma Soomaali ayay Oromo ka kicisay ka dibna Soomaali ayaa soo rogaal celisay mise Soomaalida ayaa ku soo duushay dhul Oromo oo sidaas ku hanatay degaan cusub? Soomaalidu waxay leeyihiin iyaga oo aan daalin Oromo ayaa lahayd dhulka oo Soomaalidu duullaan ayay ku timid.

Marka laga soo tago hidda-afeedka la kala dhaxlay ee aan meelna ku qornayn, waxaa caddayn looga dhigaa lahaanshaha Oromada labo arrimood. Tan hore waa qubuuro u muuqda kuwo qadiim ah, meelaha qaarna u eg kuwo wadareed. Qubuurahaan waxaa loogu yeeraa qabriyadii dadkii hore oo loola jeedo kuwii dhulka loogu yimid. Qubuurahaan ayaa sida ay cirifka Koonfureed ee Soomaliya ugu yaallaan, looguna yeero kuwii dadkii hore, si la mid uga muuqda gobollada Waqooyi, kuwa Bari, iyo weliba kuwa Dhexe, looguna sheegaa raadkii Oromo beri hore carriga degganaan jirtay.

Soomaalidu ma caddayn karto inta sano ee ay jiraan qubuurahaan iyo cidda ku aasan. Ma jirto dawlad ama hay'ad Soomaaliyeed oo isku hawshay hubinta cimriga qubuurahaan iyo xaqiijinta sheegashada Soomaalida. Arrinta labaad ee Soomaalidu dhulkooda Oromo ugu nisbayso waa magacyo asal ahaan afka Oromo ka soo jeeda oo weli loogu yeero degaannada qaar. Goobahaan, oo Gedo iyo NFD u badan, waxaa ka mid ah: Garbahaarrey iyo Mandheera. Dhulka miyiga ah ee Gedo dhul daaqsimeed, waro biyood, garbo biyood, iyo ceelal caan ah ayaa dhammaan sita magacyo afka Oromada ka soo jeeda—sida Jeedalaa, Harasaaco, Harabuunyo, Harakoobo, Dhadhajo, Sukeelaa, Jaldayso, Mataa-Arbaa, Garbalinjo, Garbadiimaa, iyo kuwo kale.

Ha yeeshee, xaqiiqdu aad ayay uga duwan tahay sida Soomaalidu aaminsan tahay. Xogaha qoran ee la helay waxay tilmaamayaan in dhulkaan Soomaalidu degaan u lahayd Oromada ka hor. Herbert S. Lewis oo ah khabiir waqti badan galiyay barashada Soomaalida kana mid ah dadka marjica u ah baaritaannada Soomaaliya laga sameey, ayaa 1966-kii baaris xeeldheer ku sameeyay halka ay ka soo askunmeen Oromada iyo Soomaalidu iyo koodii ku soo horreeyay Koonfurta Soomaaliya. H. S. Lewis wuxuu baariddiisi ku soo gabagabeeyay in dhulkaan Soomaalida iyo Oromada labaduba soogalooti ku ahaayeen. Se Soomaalidu kaga soo horreysay Oromada. Wuxuu u cuskaday dooddiisa dhawr arrimood oo tiirar adag ku taagan.

Kow, Soomaali iyo Oromo midna wax ma qori jirin, sidaa darteed warkooda oo waa hore ah lama hayo. Ha yeeshee waxaa la hayaa qoraallo sugan oo ay ka tageen dhulmareenno Muslimiin ahaa. Qoraallada sugan ee la hayo waxay tilmaameen in Soomaalidu dhulkaas degganayd ka hor Oromada. Tusaale ahaan, Ibnu Sacdi oo maray Xeebaha Soomaaliya qarnigii 13-aad wuxuu qoray in Marka ahayd caasimadda Hawiye iyo inay ka koobnayd in ka badan konton tuulo. Taasi waxay tilmaamaysaa in Soomaalidu ugu yaraan 700 oo sano ka hor degganayd Koonfurta Soomaaliya. Dhab ahaantii waxaa la hubaa ilaa 800 oo sano ka hor. Al-Idriisi oo isna maray xeebaha Soomaaliya qarnigii 12-aad wuxuu sheegay in Marka ay tahay gobol ay deggan yihiin Hadiye. Waxaa cad in dhigaalku qaldamay ee uu ula jeeday Hawiye sida laga dheehan karo qoraalkii uu ka tagay Juqraafiyahankii hal qarni uun ka danbeeyay isaga ee Ibnu Sacdi. Marka laga yimaaddo labadaan badmareen ee sida cad u magacdhabay beel, waxaa iyaguna tilmaan ahaan ku caddeeyay in dhulkaas Soomaali degganayd badmareenno kale oo Muslimiin ahaa, sida Yaaquuti iyo Ibn Baduuda iyo kuwo Shiinays ahaa oo maray qarnigii sagaalaad. Faaqidaad lagu sameeyay tilmaamaha kooban ee ay juqraafiyahannadaan reebeen waxay tuseen dadkii waqtigaas ku noolaa Koonfurta Soomaaliya in aysan ka duwanayn kuwa maanta ku nool. Taas oo ka dhigan in ay Soomaali ahaayeen.

Baarayaal kale oo ku xeel dheer isir raadinta ayaa iyaguna isku dayay inay hubiyaan halka ay asal ahaan ka soo jeedaan Soomaalida iyo Oromadu. Aqoonyahannadaan, oo ay ka mid yihiin Murdock, H. S. Lewis, Greenberg, iyo Fleming, ayaa isticmaalay isbarbardhigga xagga afafka si ay u sugaan halka labadaan qawmiyadood ay asal ahaan ka soo farcameen. Dhammaan baarayaashani waxay si guud isugu waafaqeen in qawmiyadaha loo yaqaan Kushitigga Bariga Afrika ay ka soo farcameen Koonfurta Itoobiya iyo Waqooyiga Kiiniya.

Tusaale ahaan, afafka ay ku hadlaan Kushitigga Bariga Afrika waxay noqdeen 24 oo af Soomaaligu ku jiro. 21 ka mid ah 24-kaan waxaa looga hadlaa Koonfurta Itoobiya iyo Waqooyiga Kiiniya. Waxa keliya ee meel kale laga helay waa af Soomaaliga, Cafarta, iyo Reer Diinle oo Soomaalida la bah ah. Tani waxay tusaale cad u tahay in Soomaalidu dhulkaan uga asalsan tahay Oromada. Caqligu wuxuu tusayaa in meesha lagu badan yahay ay tahay halka asalka loo leeyahay meesha lagu yar yahayna ay tahay tan loo hijroodáy. Taas oo ah in meesha laga helay 21 qawmiyadood oo ka mid ah 24-ka isku bahda ah ay asal u tahay dadyowgaan. Saddexda gaarka laga helay waxay ka dhigan tahay inay ka soo guureen bahdooda halkaanna mar uun dool ku yimaaddeen (H S. Lewis 1966; H. C. Fleming, 1964). Taas oo ka dhigan in Soomaalidu ka soo hor guurtay qawmiyadaha la bahda ah ee ay isku meesha ka soo askunmeen.

Bal Oromadana aan eegno. Lama hayo wax qoraal ah oo lagu xusay Gaalle ka hor qarnigii 16-aad. Juqraafiyahannadii maray xeebaha Bariga Afrika ee Soomaalida siyaabaha kala duwan u xusay meelna kuma soo qaadin Gaalle. Se wixii waqtigaas ka danbeeyay meelo badan ayaa lagu diiwaangaliyay oo Itoobiyaan iyo ajaanib kalaba wax bay ka qoreen. Bahrey, oo ahaa baadari Xabashi ah, ayaa ugu asalsan dadka diiwaangaliyay markii ugu horraysay dhaqdhaqaaqa Gaallaha. Wadaadkaani buuggiisa wuxuu qoray 1580–1590-aadkii. Buuggaan, oo uu soo xigtay H. S. Lewis, wuxuu ina siinayaa labo qodob oo arrinta aan ka hadlayno muhiim u ah. Tan koowaad waa in bartamihii qarnigii 16-aad ay Oromadu bilowday isballaarinta ayna ku duushay dadkii kale ee jiho walba ka xigay. Tan labaad, waxay tahay in dhulka ay dagganaayeen ee ay duullaanka ka soo qaadayeen uu ahaa goonyaha webiyada Sagan iyo Duley oo ilaa maanta ah Dhul Oromo.

Labadaan arrimood waxay tusayaan in waqtigaan uu yahay markii Oromadu gaartay Koonfurta Soomaaliya iyo Waqooyiga Kiiniya oo ay ugu tageen Soomaali dad ay ka mid tahay. Waxaa si shaki la'aan ah la isugu raacay in waqtigaan ay Oromadu duullaanka bilowday uu yahay markii ugu horreysay ee ay gaarto Soomaalida Galbeed deggan. Dagaalkii iyo dhul kala riixashadii ka bilowday isballaarintii Oromadu waqtigaas Soomaali-Galbeed ka ibofurtay, kaas oo ilaa maanta taagan, ayaa gaaray ilaa webiga Jubba iyo kan Tana River ee Gaarisa mara. Bahrey ma sheegin in Oromada dhinaca Bariga laga soo riixay iyo in cid kale ay meel ka soo cadaadisay toona. Sidaa oo kale ma xusin dagaal iyaga iyo Soomaali dhex maray iyo xiriir ka dheexeyay. Mawjado dabayl xooggan waddo inay ahaayeen oo dadkii ay soo gaareenba ay cagta mariyeen ayuu xusay.

Bahrey iyo intii kale ee wax qortay waqtiyadaas ma sheegin wax uun tilmaan ah, intay rabto ha le'ekaatee, oo tusi kara in Oromadu ku noolayd Geeska Afrika ka hor duullaankii ay bilowday qarnigii 16-aad. Wixii ka danbeeyay waqtigaan Oromadu waxay gaartay ilaa Maliindi oo ah Koonfurta Kiiniya, xaggana ilaa webiga Jubba cirifkiisa ugu danbeeya. Tusaale ahaan, De Velaso, oo ahaa wadaad faafin jiray diinta Masiixiga oo Boortaqiis u dhashay, ayaa maray xeebaha Bariga Afrika 1624-kii isaga oo dacwo diin faafin ah u socday. Wadaadkaan meelaha uu sida gaar ah ugu hakaday waxaa ka mid ahaa jasiiradda Pate oo aan waxba u jirin Laamu iyo xeebta Maliindi ee dalka Kiiniya. De Velaso wuxuu sheegay in qabiillo Gaalle ka mid ah uu dhulkaas kula kulmay. Sidoo kale, marki uu soo gaaray webiyada Shabeelle iyo Jubba meelo ay Koonfurta Soomaaliya ka maraan wuxuu xusay in qabiillada Baray-Tuma, oo iyaduna Booran gasha, ay dhulkaas degganaayeen. In markii ugu horreysay ee Oromo lagu sheego Koonfurta Soomaliya ay ku beegan tahay goortii ay dhul baaxad weyn oo Waqooyiga ah weerar ka wadday waxay caddayn u tahay in imaanshiyaheedu waqtigaas ku aaddanaa, degaan horana aysan ugu lahayn Koonfurta Soomaaliya. Haddii ay horay u degganayd, sida De Velaso u arkay ayaa waxaa u arki lahaa Ibnu Sacdi, Al-Idriisi, iyo juqraafiyahannadii kale ee maray xeebaha Bariga Afrika.

Waxaa yaab leh oo si aad ah u xoojinaya in Soomaalidu dhulkaan kaga soo horraysay Oromada in aysan weligeed Oromadu sheegan in ay ka soo jeeddo dhulka Soomaalidu degto, Waqooyi iyo Koonfur kuu yahayba. H. S. Lewis wuxuu sheegay in waraysiyada laga qaaday Oromada iyo sheeko dhaqameedyada laga soo raray ay isku waafaqeen in Oromodu ka soo askunmatay halka uu tilmaamay Bahrey iyo dhulka ku xeeraan ee aan sidaas uga fogayn ee ay ubucda u tahay Laagta Abaya. Haddii Oromo aysan sheegan, wax kale oo tusi karana aan la hayn, maxay tahay sababta aan ugu hibayno lahaanshaha dhulkeenna? Maxaa keenaya in dhul keenna ah aan muran galinno? Waa maxay sababta aan isugu shaabbadayno in aan nahay daalimiin dhul aysan lahayn inta ku soo duuleen dadkii degganaa qaarna laayay qaarna barakiciyay ka dibna degay oo xoog ku haysta?

Qodobka qubuuraha loo daliishaday in dad naga horreeyay ku noolaan jireen iyaduna ma sugna balse waxaa ilaa xad cad in xabaalaha aynu u haysanno inay Gaalle yihiin ay Soomaali waa dhow dhimatay ahaayeen. Macallinka looga danbeeyo aqoonta dhalashada Soomaalida ahna ninka ugu badan uguna xoogga badan ee marjica u ah barashada Soomaalida, I. M. Lewis, ayaa dadaal galiyay inuu ka warkeeno da'da qubuuraha loo yaqaan "dadkii hore". Mudane I. M. Lewis wuxuu faagay saddex qabri oo kuwaan ka mid ah 1960-kii. Baaritaan loo isticmaalay qalab kala duwan oo uu ka mid yahay kan lagu ogaado cimriga ashyaadii hore (radio-carbon dating) wuxuu tusay in qabuurahaasi jireen ilaa 250 sano oo keliya waqtigaas oo soo gudagalaya goortii Oromadu isballaarinta billowday ee dhulka Soomaaliyeed ay qabsatay. Baaritaan dheeraad ah oo la marsiiyay lafihii laga helay qabuurahaas wuxuu I.M. Lewis ku soo gabagabeeyay in ay yihiin lafo Soomaaliyeed. Haddaba maxaa keenay in dhulkaan lahaansho Oromo loo aqoonsado?

Sida muuqata duullaannadan ay Oromadu wadday intii u dhexaysay qarniyadii 16-aad iyo 17-aad waxay ku qabsadeen dhulka Koonfureed ee Soomaalidu degi jirtay. Waqtigaan Soomalidu waxay u barakacday Galbeed. Aqoonyahan iyo baare ku xeeldheer arrimaha Geeska Afrika oo lagu magacaabo Faysal Cabdullaahi Cabdi (Abroone) wuxuu qabaa in Soomaalidu boqortooyooyin dhawr ah ku lahayd Koonfurta. Qabiillo dhawr ah oo aan maanta Gedo laga aqoon inay degi jireen oo ay boqortooyo awood leh ku lahaayeen ayuu ku andacooday. Tusaale ahaan, beesha Samaroon (Gudubiirsay) oo maanta ay ugu sokayso Awdal ayaa degaan u lahaan jirtay meelo ka mid ah gobolka Gedo. Halka maanta ay ku taal Ceelcadde waxaa la oran jiray Dhaso-Samaroon oo waxay ahayd xaruntii boqortooyada Samaroon, ayuu leeyahay aqoonyahankaasi. Abroone wuxuu xusay in Samaroon ay barakicisay Oromadu. Dagaal dhex maray labo wiil oo uu dhalay boqorkii Samaroon oo ku diriray ciddii dhaxli lahayd taajka markuu duqii dhintay ayaa dhacay. Iyaga oo weli islaynaya, isku martay, oo taag yareeyay ayaa waxaa soo galay Oromo sidii daadka u siqaysa oo waqti yar gudihiisna Samaroon iyo beelihii kale ee dhulkaas degi jiray seeraha goysiiyay. Waqtigaas waxay ku beegnayd bilowgii qarnigii 16-aad. Hayeeshee Abroone caddaymo la taaban karo oo muujinaya in Samaroon Koonfurta degganaan jirtay ma soo bandhigin.

Muddo ku dhow afar boqol oo sano ayuu socday loollanka Soomaalida iyo Oromadu oo midba mar la riixayay. Kii ugu danbeeyay iyo waxaa kulmay isballaarintii reer Yurub iyo sahankoodii dhul doonka ahaa kuwaas oo wax badan qoray. Sidaa oo kale, maadaama aysan Soomaalidu wax qori jirin xusuustii u danbaysay ee na soo gaartay ayaa ahayd dagaalkii ugu danbeeyay ee Oromo dhulka looga soo celiyay. Kaas ayaan u fahannay in aan iyaga dhulka ugu nimid. Qodob kale oo muhiim ah kana qayb qaatay inaan dafirno dhulkeenna ayaa ah sheegashada Carabnimada. Inta badan Soomaalidu waxay sheegataa inay Ahlu-Bayd yihiin oo ay Soomaaliya dool ku yimaaddeen. Abtir si quruxsan la isugu toosiyay oo la taxay ilaa Banuu Caqiil iyo Banuu Haashim ayaa la qortay. Dadka aqoontaas leh iyo garashada ay isugu toosiyeen abtirkaas ma noqon karaan kuwo ay ka hoos baxdo natiijada ka dhalanaysa sheegashada asaalada geeska Afrika sida uu ku tilmaamay I. H. Lewis. Bariga Afrikaan asal u ahay iyo dool baan ku imid labo isqaban kara ma aha. Taas waxay keentay in la yiraahdo dhulka geeddi ayaan ku nimid ka dibna dadkii aan ugu nimid ayaan ka xoognay.

Waxaa laga yaabaa in su'aalo laga keeno sida loo rumeysan karo xogaha aan ka helnay isiryaqaannada reer Galbeedka ee Soomaaliya wax ka qoray. Inaan rumayno xogtaan ay ina siiyeen rag caddaan ah waxaa keenaya dhawr arrimood. Marka hore wax ceeb ah ama been ah oo lagu bartay aqoonyahannadaan ma jirin. Taas awgeed, tuhunku ma soo degdegayo. Labo, aqoonta ay u leeyihiin shaqada ay qabanayeen, waqtiga ay galiyeen, iyo sida ay isugu hawleen waxay keenaysaa inay aad ugu dhow yihiin inay wax rasmi ah heleen. Saddex, ma jirto cid kale oo keentay caddaymo beeniya ama tuhun galiya baaritaannadooda. Afar, ma jirto dan gaar ah oo ay Soomaalida ugu eexdaan. Xaqiiqdii haddii ay eex galayaan waxay u badnaan lahayd inay Oromada u xaglin lahaayeen. Sidaas awgeed waxaan ku doodaynaa in dhulka Waamo oo ay Gedo iyo NFD ku jiraan uu ahaa dhul Soomaaliyeed weligiis, ugu yaraan ay Soomaalidu kaga asalsan tahay Oromada. Waxaa kale oo aan ku doodaynaa in Oromadu mar ku soo duushay dhulkaas, dad badan ku laysay, xoolo badan ku dhacday, waqti dheerna haysatay. Muddada uu dhulkaas gacanta ugu jiray Oromada Soomaalidu rogaal celis iyo iska caabbin ayay ku jirtay. Isriixriixaan wuxuu socday ilaa 400 oo sano. Ugu danbayn 1864-tii ayaa dharbaaxadii ugu danbaysay loo geystay Wardeey oo ahayd qabiilkii ugu danbeeyay ee Gaalle ee ku hara Waamo. Inkastoo jabkii ugu danbeeyay ee Wardeey uu ka dhacay degaanka Afmadow ee Jubbada Hoose, dagaalka lagula jiray ilaa Baardheere iyo miyiga hoos yimaadda ayuu muddo dheer oo waqtigaas ka danbaysa ka socday.

Waxaa xusid mudan in aan tilmaanno dhinaca markii hore beelaha Daarood uga soo gudbeen webiga Jubba. Dadku reerguuraa ayuu ahaa. Geeddigii hore waxaa la soo maray labada webi dhexdooda. Bay, Bakool ilaa Jubbada hoose cirifkeeda ayaa la gaaray iyada oo aan webiga Jubba la soo tallaabin. Jidkaas ayaa ahaa midkii uu horay ugu soo hayaamay qabiilka Digil&Mirifle sida uu qoray baresare Cabdalle Mansuur: "...Qarnigii 16aad wixii ka danbeeyayna beelaha Daarood (Ogaadeen iyo Marreexaan) waxay u sii hayaameen dhanka koonfureed, iyagoo marayo isla tubtii ay soo mareen beelaha Digil&Mirifle ilaa ay kasoo gaaraan Jubbada Hoose halkaas oo ay dagganayd Wardeydii laga soo eryay dhanka Bay."

Goynta Gedo ama dhinaca Koonfureed ee webigu wuxuu ahaa halka ay ugu xoogganaayeen Gaalluhu. Iskudayyo badan oo lagu doonay in webiga dhinacooda loogu soo tallaabo si xun ayaa loogu jabay. Jinsi-yaqaannada wax ka qoray waxay sheegeen in dhawr goor iskudayyo lagu hoobtay la qaaday. 1842-kii ayay qabiilooyinka Ogaadeen iyo Marreexaan isku dayeen inay ka tallaabaan webiga Baardheere iyo Luuq dhexdooda waase la jabiyay[1]. Iskudayyo kale ayay dharbaaxo kulul ka gaartay Daaroodkii isku dayay inuu gaaro gunta Wardeey. Markii xoog lagu gudbi waayay ayaa xeelad la isku dayay. Daaroodkii wuxuu raadiyay inuu si nabad ah kula dego Wardeey. Heshiis ayuu doonay. Wuxuu aqbalay shuruudo adkaa oo ay ka mid ahaayeen inuu sheegad noqdo iyo inuu xoolo baad ah sannad walba siiyo Wardeey. Iima cadda sabab ku kalliftay in beelihii Daarood aqbalaan heshiis sidaan u foolxun. Laga yaabo inay qabeen kalsooni ah in haddii ay gudaha Wardeey tagaan dhulka ay ka cayrsan karaan sidii gadaal ka dhacdayba. Laga yaabee in culays kale ka haystay dhulkii ay markaas degganaayeen oo Raxanweyn, Biyomaal, iyo qabiillo xoogg leh ay ka talinayeen.

Turton (1970) waxaa uu sheegay in Daaroodku la degay Eeleey oo ay sheegad u noqdeen markii hore. Buur Xakabo iyo ka kor oo xagga Afgooye ah ayuu Daaroodku gaaray. Markii uu saldhigtay ayuu dalbaday xuquuq dheeraad ah. Ogaadeen ayaa loo

---
1 Turton (1969).

oggolaaday inuu yeesho hoggaan dhaqan. Wax yar ka dibna awood kale ayuu sii dalbaday waase laga diiday. Buur Xakabo waa isaga soo guureen oo waxay isku urursadeen meesha loo yaqaan Madaxgooy. Sida uu ku qoray L E V Cassanelli buuggiisa *The Shaping of Somali Society*, Madaxgooy waxaa ka dhacay dagaal lagu hoobtay. Sababta magaca loogu bixiyay waxay ahayd in dagaalyahan Eeleey ahaa oo aad caan u ahaa laguna magacaabi jiray Mahad halkaas madaxa looga jaray.

Halkaas ayaa daanno xooggan lagu gaarsiiyay Daaroodka 1857-kii. Jabkaan ayaa ku qasbay Daaroodka iyo beelo ku lammaanaa inuu u qaxo daanta Koonfureed ee webiga Jubba. Cawlyahan, Marreexaan, iyo xoogaa Dir ah waxay ka gudbeen Baardheere. Sheekhaal, Harti iyo Ogaadeenkii aan Cawlyahan ahayn waxay ka gudbeen Jilib[2]. Waxaa laga yaabaa sida Daaroodkaan ugu qasbanaadeen inay wabiga gooyaan in kuwii ka horreeyay ee toban sano horteed jeexay webiga ay qasab ku noqotay inay Wardeey la heshiiyaan.

Dhinaca Wardeey inay soo dhowaystaan Soomaali weerar joogto ah ku haysay, oo ay hubeen inay dhulka ay deggan yihiin u socdaan, waxaa sabab u ahaa weerarro kaga socday dhinacyada Galbeed iyo Koonfur-galbeed. Weerarradaas ayaa waxaa ku soo qaadi jiray qabiillada Masaay iyo Akamba. Waxay u arkeen in Soomaalidu iyaga ku hoos noolaato, sheegad u noqoto, cashuur ay ka qaadaan, cudud

---
2 Turton (1970), b.75.

ay duullaannada kale isaga xoojiyaanna ka helaan[3]. Isbahaysiga waqtigaas guntamay in cabbaar ah ayuu sii jiray. Gullain, oo booqday xeebaha koonfureed ee Soomaaliya 1847-kii, jiritaanka cahdigaas ayuu soo saaray[4]. Halka beesha Ogaadeen ay heshiiska noocaan ah Wardeey kula gashay Jubbada Hoose, beesha Marreexaan waxay kula gashay aagga Gedo. Halka uu Ogaandeenka badankiisu dhinacaas Jubbada Hoose u durkay, Marreexaanku, intiisa badan, wuxuu degay webiga Jubba dhinaca Baay. Iskudayyadii lagu doonayay in webiga looga tallaabo waa lagu guulaysan waayay si xoog ah. Xeeladdaas Dooraadka kore uu isticmaalay ayay halkaanna ku soo xero galeen. Meesha loo yaqaan Loola-Shiidow, oo degmada Buurdhuubo halka ay ku taal aan ka fogayn, ayay ka soo gudbeen Marreexaanku, sida uu iigu warramay Sheekh Ibraahim Buulle Ciise.

Marka aad eegto sida wax u dhaceen, heshiisyada ay galeen odayaashii Soomaaliyeed iyo diblomaasiyaddii ay isticmaaleen waxaa kuu muuqanaysa in ay aad uga duwanaayeen Soomaalida maanta. Soomaalidu waa dad caadifad badan, si fudud ku kaca oo dulqaadkoodu yar yahay. Waa dad aan naftooda u hurin in jiilalka ka danbeeyaa guul gaaro. Waa dad ku wax qaybsada kulaylka markaas haya oo falceliya iyaga oo aan qiimayn awooddooda iyo natiijada ka dhalan karta falcelinta iyo saamaynta ay ku yeelan doonto noloshooda.

---

3   I. M. Lewis (1960).
4   I. M. Lewis (1960).

Laakiin odayaashii Soomaaliyeed ee waqtigaas Waamo u jihaysnaa waxay qaateen halis la qiimeeyay (calculated risk). Ogaal ayay ku galeen heshiis, kor markii laga eego, u muuqday ihaano iyo hoosayn la aqbalay. Hoos ahaanse ay ogaayeen in jidka keliya ee ay kaga guuleysan karaan kuwa ay is-hayaan uu yahay inay dhex degaan. Taas oo u oggalaanaysa inay dhulka bartaan, fahmaan meelaha cadowgoodu ka jilicsan yahay, iyo xeeladaha uu isticmaalo. Odayaashii Daarood ee la degay Wardeey fiiro dheeridooda, fogaan araggooda, iyo sarraynta hadafkii ay lahaayeen kuma aysan muujin heshiiskii ay galeen oo keliya ee sidaa oo kale ficil ahaan ayay ku gudbiyeen.

Khaalid Fiqi Xasan ayaa noogu filan tusaale. Khaalid wuxuu ahaa hoggaankii reerihii Marreexaan ee Wardeeyda la degay. Wuxuu Marreexaan ka ahaa Talxe Ammaanreer. Waxay u muuqataa inay ku beegnayd horraantii qarnigii 19-aad. Wardeeydu, sidii lagu yaqaannay nin kibray oo aad magan u tahay, docadocayn iyo dhibaatayn kama aysan dayn dadkii ay soo dhowaysteen. Qofkii ay doonaan ayay dili jireen, intii ay doonaan oo xoolo ahna waa ay kaxaysan jireen. Sidii ay u wadeen ayaa dhibbanayaashoodi waxaa ka mid noqday wiil uu dhalay Khaalid Fiqi Xasan. Arrintii ayaa aad looga gubtay. Ihaano tii u danbaysay iyo waxaan lagu sii jiri karin ayaa loo arkay. Wixii meelaha ka dhowaa ee cuqaal Marreexaan ahayd ayaa isu yimid si looga arrinsado tallaabadii la qaadi lahaa. Waxgaradkii halkaas isugu yimid labo qodob waxaan ahayn waa u soo bixi waayeen: in la diriro oo la aarsado iyo in meesha la isaga guuro oo dib webiga loo gooyo. Alle ha u naxariistee, Khaalid geedka ayuu fadhiyay qof hadla ayuuna u danbeeyay. Markii ay warkii ka baxeen ayuu yiri ii oggolaada inaan hadlo. Waano dheer ka dib, wuxuu yiri haddaad aniga ii danqateen oo aad doonaysaan inaan ka bogsoodo dhibka i gaaray ii ururiya xoolo aan siiyo Wardeey. Hadal aan sinnaba loo filan karin ayuu ahaa. Mid aan ka suuroobin nin wiilkiisa la dilay ayuu ahaa. Sidee dadkii wiilkaaga iilka dhigay aad xoolo ugu sii dartaa? Waa ay la doodeen oo weydiiyeen sababta uu u doonayo inuu ugu noolaado dulligaas. Wuxuu ku jawaabay, "Waxaan sugayaa inta wiil maanta dhashay hasha naaskeeda ka gaarayo mid iga maqanna ii imaanayo." Khaalid wuxuu fahamsanaa falcelin ku fadhida caaddifad in ay keeni lahayd keliya in la laayo intooda badan, inta kalana dib u cararaan oo halkaas hammigii ahaa in dhulkaan cosobka ah la dego ku baaba'o. Wuxuu doonay inuu samro inta dadkiisa soo socdaa soo gaarayaan, carruurta hadda dhalataynaa ay gaashaanqaad ka noqdaan iyaga oo jooga degaankii ay ku dhasheen taas oo dhali doonta inay si adag ugu diriraan. Middaan danbe waxay xambaarsan tahay macne xeeldheer, mug weyn, oo aad u fog una baahan in la dhuuxo. Farqi weyn ayaa u dhaxeeya qofka halka uu ku dhasho iyo midda uu hijrada ku tago. Marnaba ma dhici karto inuu isku si ugu diriro oo uu ugu adkaysto. Kan muhaajirka ah si fudud ayuu u carari maadaama uu og yahay inuu jiro dhul uu ka yimid oo uu ku laaban karo. Laakiin kan halkaan ku dhashay ee aan aqoon degaan iyo dal kale, meel uu aado iyo meel uu qaxo toona ma jirto. Wuxuu dalkiisa u yaqaan halka uu joogo. Haddii la isku dayo in laga eryo, naftuu u huri oo wuxuu noqon ruux difaacanaya dhulkii ay xudduntiisu ku duugnayd. Sidaas ayuu khaalid u yiri, "Waxaan sugayaa inta wiil maanta dhashay uu hasha naaskeeda ka gaaro"—kaas ayaa furan kara dhulkaan ayuu ula jeeday.

Suubbanaha NNKH ayaa sii sheegay in Muslimiintu furi doonaan Rooma iyo Qisdindiin oo ah Istanbuul. Istanbuul waxaa la furay 700 oo sano ka dib geeridii Nabiga NNKH, Rooma iyadu waa weli waase hubaal inay dhici doonto. Maanta culimo badan oo Muslimiin ah ayaa ku doodda in waxyigaas ay rumayn doonaan carruurta Muslimiinta ee Galbeedka ku dhalata. Xaqiiqdaan waa midda, sidoo kale, Soomaalida Galbeedka ku dhalatay ay wajahayaan. Carruurta Soomaaliyeed ee ku dhalatay waddammada Gabeedku dal waxay u yaqaannaan midkii ay ku dhasheen. In laga dhaadhiciyo dal kale ayaad leedihiin wax walba waa ay ka adag tahay. Dadaal walba oo la galiyo, laabtoodu waxay dareemaysaa inay dalkoodi joogaan meel ay ka aadaanna aysan jirin. Halkii xaqiiqdaas inta la liqo loo diyaarin lahaa ubadkaan inay dhulka ay kooda u yaqaannaan ku dhaqmaan, ayaa waqti lagu lumiyaa in lagu qanciyo in dhulka ay ku dhasheen ay muhaajiriin ku yihiin. Markaas ayay xagga iyo xaggaba seegaan!

Fursaddii Khaalid sugayay ugu danbayn waa la gaaray. Waxaa kulmay labo fursadood. Tan hore waa iyada oo degaan la noqday oo la xoogaystay dad badanna gadaal ka yimid. Tan labaadna waxay ahayd in furuq uu dhulka ku habsaday qabiilkii Wardeey ee maganta loo ahaana baabi'iyay. Waxaa yaab leh sababta keentay in Wardeey keliya furuqu ku dhaco ama ay u dhammaato oo uusan wax badan u gaarsiin Soomaalidii? Juqraafiyahannadii reer Yurub ee xogtaas soo raray nama siin wax tilmaan ah oo ku saabsan sababta labo qabiil oo isir ahaan isu dhow hal meel ku wada nool xanuun safmar ah uu midna u baabi'iyay midna uga tagay. Xaqiiqda Allaa oge, waxaa ii muuqata in ay la mid ahayd middii kala gaartay reer Yurubkii qabsaday Ameerika iyo dadkii ay halkaas ugu tageen. Reer Yurubku wuxuu ahaa dad xanuunno badan ku dhici jireen, jirkoodu wax walba la qabsaday dhul dhintayna ka yimid. Halka dadka ay u tageen uu ahaa mid ku nool dhul agan ah oo cudurro badan aan laga aqoon. Sidaan Waamo ka dhacday oo kale, ayuu furuq dhex fariistay dadkii ab-ogaaga ahaa. Malaayiin qof ayuu ka dilay halka uusan wax weyn u geysan caddaankii la noolaa. In jirkoodu ka tallaalnaa si dabiici ah ayaa la sheegaa. Lagase yaabo in ay ahayd doonid Eebbe oo uu qolo ku baabi'iyay kuwana ku sara mariyay. Sidaa oo kale, laga yaabo in uusanba jirin furuq si gooni ah Wardeey u laayay.

Doorood fursaddii ma dayicin waqtina ma sugin. 1865-kii ayaa hal mar weerar dhinac walba ah looga ekeeyay Wardeey. Intii soo hartay waxay ku qasbanaadeen inay isdhiibaan oo magan u noqdaan kuwii ay shalay magan galiyeen. Masaftii oo dhan ayaa dhinaca kale isu rogtay. Haatan Daarood ayaa degaan ah Wardeeyna waa sheegad magan u ah Daarood oo cashuur bixisa. Sidaas ayay ahaayeen ilaa ay ku milmeen Soomaalidii oo la waayay wax la yiraahdo Wardeey[5]. Inkasta oo qoraallada la hayo ay dhigeen keliya dhacdooyin ka dhacay Afmadow, Wardeeydu Ogaadeen iyo Marreexaan labadaba way ku milantay. Ilaa waa dhow waxaa jiray Wardeey sideeda loo yaqaan oo ku tiirsanaa beelo Marreexaan ah. Maanta Wardeeydii iyada ahayd waxay ka mid noqtay beelihii ay ku tiirsanayd oo aan laga garanayn maadaama dhinac walba ay ka dhaqmeen si buuxdana u qaateen magaca beelahaas. Markii Wardeey laga soo jeestay, waxaa isku jeestay beelihii Soomaaliyeed ee markii hore wada socday ama ugu yaraan uusan dagaal dhex mari jirin. Daaroodka ayaa lagu eedeeyay inuu dagaalkaas isagu huriyay markuu xoog isbiday, siduu Wardeey u weerarayba, markaanna ugu kacshay Soomaalidii uu u arkay inay dagan yihiin. Nin Dagoodiye ah oo arrintaas tilmaamaya ayaa tix ku yiri:

Daarood ninkii daris moodo deegidaa u leh'e
Hadba ishii dagan buu darbeeyaaye

---
5 I. M. Lewis (1960).

Facba uma tukannin daawo nabadeed'e

Ha lagu kala badnaado dhulka la degaye, Daaroodku wuu wada joogay Waamo. Tusaale ahaan, Marreexaan wuxuu ku xoogganaa dhinaca Koonfur-galbeed ee webiga isaga oo gaaray ilaa Raamow oo 30 km ka xigta Mandheera dhinaca gudaha xuduud-beenaadka. Turton (1970) wuxuu qoray in 1874-kii ay dhawr kooxood oo Marreexaan ah tallaabeen webiga Jubba una dhaqaaqeen dhinaca Koonfur-galbeed taas oo ku beegan jiho Wajeer. Sidaa oo kale ilaa Afmadow ayuu jiray Marreexaanku. Hoggaamiyihii beesha Caabudwaaq (Ogaadeen), ee la oran jiray Cabdi Ibraahin, wuxuu hoggaamiyay 1886-kii ciidan ka koobnaa Maxammed Subeer, Caabudwaaq, Cawlyahan, Harti, iyo Marreexaan. Ciidankaan wuxuu ka soo kicitimay Afmadow. Wuxuu duullaan ku ahaa Uaso Nyiro[6].

Dhammaadkii qarnigaas, Marreexaan badan ayaa ku sii danbeeyay Jubbada Dhexe iyo tan hoose. Sheekh Ismaaciil Sheekh Cabdiraxmaan waa wadaad u dhashay Marreexaan, Cali-Dheere ka ahaa. Wuxuu ku dhintay meesha loo yaqaan Makalaa (Qabi-Sheekh oo isaga loogu magacdaray) oo Gedo ku taal Juun 1913-kii[7]. Sheekhaan ayay Marreexaanku sheegaan inuu ahaa ninkii awaytidiisu suuragalisay inay kiciyaan Boorantii ku danbaysay dhinaca Galbeed ee Gedo iyo Dagoodiyihii ay isku

---

6 Turton (1970).
7 Turton (1970).

hayeen waqooyiga Gedo. Waxaa laga sheegaa inuu yiri "Ma idiin farfariisiyaa mise waa idiin didiyaa?!" Taas oo uu ula jeeday ma waxaad rabtaan inaan halkooda ku curyaamiyo si aad u laysaan mise qax baan ku ridaa si ay dhulka uga kacaan iyaga oo aan dagaallamin. Midda danbe ayay doorteen dadkii dhaawda ugu tagay Sheekh Ismaaciil. Ujeedka aan u socdo ayaa ah in sheekhaan laga doonay Mareerrey markii dhaawda la weydiisanayay, halkaas oo ay degganaayeen jeesas badan oo Marreexaan ah.

Hubaashii degaankaas wuu ku soo dhowaaday Marreexaankii ku haray. Risaalo ay wada qoreen Cabdirisaaq iyo Maxammed Suldaan Kaahiye waxaa ay u hureen taariikh nololeedyadii qaar ka mid ah hoggaamiyayaashii Marreexaan ee Dooy (dhulka u dhexeeya labada webi, gaar ahaan dhulka u dhexeeya Diinsoor, Jilib ilaa Xaramka Baraawe). Risaalada oo ay ku magacaabeen *Taariikh nololeedki hoggaamiyeyaashi dhaqanka Marriixaan Dhoobleey ee dhulka Dooy*, waxay ku sheegeen in jifooyinkii ugu danbeeyay Marreexaan ay Dooy ka soo guureen 1959-kii. Wixii waqtigaas ka danbeeyay jees keligii ah mooyee ma jirin qabiilo Marreexaan lagu tilmaamo oo degaankaas degganayd.

Imaanshihii Galti

Dhacdadii lagu soo afjaray awooddii Oromadu waxay ahayd bilowga hijrada dadka maanta loo yaqaan 'Galti' iyo loollanka cusub ee ka bilowday Soomaalida dhexdeeda[8]. Soddankii sano ee qarnigaas ka dhimmanaa iyo labaatankii sano ee ugu horreeyay qarnigii 20-aad ayuu Daaroodku si xooggan Waamo ugu soo guuray. Gaar ahaan beelaha Marreexaan iyo Ogaadeen. Beelaha Reer Xasan (qaarkood), Talxe (qaarkood), Aw-Midig, iyo Hawraarsame markii laga reebo, waxaa la rumaysan yahay in Marreexaanku uu soo gudbay tobanlihii ugu danbeeyay qarnigii 19-aad iyo labadii tobanle ee ugu horraysay qarnigii 20-aad.

Ugaas Xirsi jifidiisu waxay ka mid ahayd beelaha waqtigaan danbe soo gudbay. Imaanshahoodu wuxuu dardargaliyay isballaarintii Marreexaan. Hayeeshee si fudud kuma dhicin geeddigoodu. Mar waxay ku yimaaddeen geeddi raxan-raxan ah, marna haldhubuqle. Dhulka la soo marayay iyo kan la imaanayayba waxaa lagala kulmi jiray dhib badan. Dhexda ayaa dadka loo gali jiray oo xoolaha ay wataan iyo carruurtaba laga reeban jiray raggana lagu layn jiray. Inta soo baxsataa markii ay Gedo soo gaaraan waxay imaan jireen dhul colaadeed oo dhinac walba dagaal kaga socdo beesha Marreexaan. Dhinac Garre ayaa dagaal kaga waday, dhinac Dagoodiye ayaa kaga lisayay, dhinacna Ogaadeen, halka dhinaca webiga ay Gabaaweyn, Garjan, iyo Gasaare-Gude cadaadis kaga hayeen[9]. Dhab ahaantii 15-kii sano ee u horraysay qarnigii 20-aad wuxuu

---

8 Turton (1969).
9 Turton (1969).

ahaa mid aad u qasan oo qalalaaso iyo colaado hareeyeen.

Waxa uu ahaa geeddi dheer oo ay guurayaan dad xoolo iyo carruur wataa. Waqti badan ayaa dhexda lagu sii qaadan jiray. Hadba meel ayaa lagu gashiimi jiray oo xoolaha iyo gadiidka loogu dhimrin jiray. Mararka qaar bilo dhan ayaaba meel lagu negaan jiray si loo sugo waqti ku habboon oo la guuri karo. Inta guuridda lagu soo jiro waxaa la soo dhex mari jiray beelo Soomaaliyeed oo beeraley iyo xoolo-dhaqataba leh. Beelaha la soo dhex maro qaarkood ayaa reeraha guuraya jidgooyo u dhigan jiray. Xoolaha ayay ka dhici jireen, wixii carruur ah ee waxgal ahna waa kaxaysan jireen si ay xoolaha u raacsadaan. Wuxuu ahaa addoonsi tolnimo aysan ka marnayn oo ka naxariis badnaa midkii saancaddaha.

Qoysaskii Marreexaan ee soo hayaamay wixii loo soo gaaray 1900-ladii waa ku yar yahay qoys aan carruur laga la harin ama aan dad looga layn jidka. Sida ay arrintaan u baahsanayd waxaan ka fahmi karnaa in dhawr wiil oo ilmaadeer ah, oo midba reer gaar ah qowsaar u yahay, ay mararka qaar hal dow ku kulmi jireen. Sheekh Xasan Jaamac Jaad oo hadda sagaashan galay wuxuu ii sheegay in aabbihii Jaamac Jaad, Ugaas Xirsi, Salaad-Gaab, iyo Hire-Gacameey oo isku qoys ahaa ay hal hilo maalin ku kulmeen iyaga oo midba meel gooni ah lo' ka soo arooriyay.

Inta la qabsado ka sakow, waxaa kale oo jiray qaar colkii galay dartii qofba dhinac u baynuuno oo qaarkood aan dib, geeri iyo nolol toona, loo arag. Dadka ay sidaasi ku dhacday waxaa ka mid ahaa aabbahay eeddadii. Awoowgay labaad ee aabbo waxaa la oran jiray Deer Wacays waxa uuna dhalay dad badan. Isagu Ximan ayuu ku god galay. Waxaa u yaraa labo gabdhood oo middood ay soo gaartay 2002-dii magaceeduna uu ahaa Geelo Deer. Carruurtiisi, oo qaarkood abtir labaad marayaan, ayaa kooxba mar soo guurtay. Labadii gabdhood ee u yaraa isku bahna ahaa waqtigaan waxay jireen wax uun toban sano ka yar. Reerkii ay la socdeen waxaa lagu galay meel aan Baladweyne ka fogayn. Waxaa halkaas ku luntay mid ka mid ah gabdhihii oo ilaa maanta aan la hayn meel ay ku danbaysay.

Inta samatabaxdaa waxay gaari jireen Gedo oo ahayd halkii lagu socday. Waa ay badan yihiin sheekooyinka noocaan ah, waxaase isweydiin mudan waxa keenay in carruurta la afduubto iyada oo horay aysan Soomaali dhexdooda uga dhici jirin tan oo kale? Dhaca geela iyo laynta raggu ma ahayn mid Soomaali iskula yaabto, balse lama soo warin reer inta la weeraray carruur laga qaaday guud ahaan geyiga Soomaaliyeed. Xaqiiqdii, sida uu qoray Enrico Cerulli, xeer Soomaaligu wuxuu mamnuucayay in qof Soomaali ah uu addoonsado, ama addoon ahaan u qabsado, u sii iibiyo, ama u soo iibsado qof kale oo Soomaali ah. Haddaba waxa waqtigaan keenay iyo sababta ay ugu gooni noqotay Marreexaan waa mid su'aal weyn abuuraysa. Su'aashu ma aha jiritaanka sheekada ee waa in ay jirto sabab keentay iyo waxa ku gaar yeelay. Waxaa la sheegaa in dhibka ay abuureen Galtidii hore jidkaas u soo martay. Waxaa badnaa inta iyaga oo xoolo fiican aan haysan soo hayaantay. Waxaa dhici jirtay in la khiyaameeyo reer jidka lagu soo maray oo ama reer Shabeelle ah; ama Xawaadle ah ama Raxanweyn ah. Waxaa la weydiisan jiray inay xoolo kaga baddashaan wiil xoog leh oo geela u raaca. Wiilka noocaan ah Soomaalida dhexdeeda 'qowsaar' ayaa loo yaqaan. Waa dhaqan caadi ah oo wiilka lagu og yahay cidda uu la joogo isaguna ku xoolo tabcado. Inta badan reeraha laga xoog badan yahay ama la liido ama kuwo saboolnimo u geysay ayaa carruurtooda qowsaarnimo u diri jiray ilaa maantana dhaqankaasi waa uu jiraa.

Sidaas darteed reerka lagu yiraahdo wiilkaan qowsaar ka dhigta, wixii xoolo aad u goyn lahaydeenna na sii siiya waxay ahayd mid si fudud loo aqbalo shakina aan galin reerka wiilka loo reebay. Hase ahaatee, Galti khiyaano kale ayaa u qarsoonayd. Marka hore wiil xoog leh oo dhiifoon ayaa loo xuli jiray in la beeciyo. Wiilka waxaa la siin jiray dardaaran adag iyo wadiiqooyinkii uu ku soo baxsan lahaa. Waxaa loo sheegi markii uu hubsado in reerka laga fogaaday in uu soo baxsado oo qoyskiisi uu ka dabo yimaaddo. Habeen iyo maalin ka dib ayuu u imaan qoyskoodi oo meel degay. Sidaas ayay wiilkoodi iyo xoolihii ay ku iibiyeenba isugu qaadan jireen. Sheekooyinka yaabka leh ee iga soo gaaray arrintaan waxaa ka mid ah in oday uu damcay inuu wiilkiisi sidaas ku iibiyo. Labo wiil oo uu watay kii weynaa ayuu doortay oo dardaarankii siiyay. Kii yaraa waa maqlayaa mase uusan hadal. Hadhow ayuu aabbihii u tagay oo ku yiri: "Wiilka walaalkay ah ee aad rabto inaad reebto maahan nin dhiifoon oo soo baxsan kara ee aniga igu baddal." Odaygii, oo aad ugu farxay caqliga wiilkiisa, ayaa ku raacay oo sidaas kii yaraa ku reebay, isna sidii loo dardaarmay ayuu yeelay. Labadii wiilba Gedo ayay yimaaddeen oo ku farcameen. Maanta labo jilib oo laandheere ah oo aan aqaan iyaga oo ah ayay joogaan.

Reerkii laga iibiyay ku soo dhici mayso wiilkii iyo reerkii way isku ogaayeen khiyaanada. Waxay u qaadan in uu habaabay ama uu noqday mid xun oo baxsaday sidaas ayayna u samri jireen. Markii arrintii badatay oo qoys walba dabkii gaaray ayay sheekadii faaftay. Anna waa igu dhacday iyo anna waa igu sameeyeen ayaa la isu tebiyay. Goortaas ayay go'aansadeen inay iyaguna kuwa danbe dabagoostaan oo waxay xoolo iyo wiilalba wataan kala haraan. Sidaas ayay ku socdeen jidgooyadii iyo afduubkii carruurta ilaa uu ka istaagay geeddigii habqanka ahaa ee Gedo loogu socday.

Ugaas Xirsi wuxuu ka mid noqday dadkaas la dabagoostay. Inuu isagu reerka weeraray iyo inuu isagoo fiigtaal ah meel ka helay mooye e, Ugaasku wuxuu gacanta u galay nin reer Shabeelle ah oo lo' badan lahaa. Wuxuu ka dhigtay qowsaar lo'da u raaca. Si rasmi ah looma yaqaan inta sano ee uu ninkaas raaciga u ahaa. Waxaa la wariyaa muddo ugu yaraan dhawr sano ah inuu la joogay oo lo' aad u badan u raaci jiray. Lo'dii uu raaci jiray wuxuu ka soo qaaday lo' jacayl oo waagiisi danbe xoolaha lo'da ayuu ugu jeclaa Eebbana waa u badiyay. Waqti yar markii uu la joogayba, ninkii wuxuu xaqiiqsaday in uusan wiilku wiil caadi ah ahayn. Dadka qaar ayaa sheega inuu ka arkay karaamooyin Rabbaani ah.

Sheekooyinka i soo gaaray waxaa ka mid ah in uu raaci jiray lo' gaaraysa 300 oo neef. Subixii marka ay lo'du foofto ayuu geed iska seexan jiray. Iyada oo soo dheregtay ayay casarkii halkuu kaga haray ugu imaan jirtay. Lo'leydii kale ee aragtay wuxuu wiilku sameeyo ayaa ku dacweeyay ninki lo'da lahaa oo ku yiri xooluhu waa kaa dayacan yihiin. Ninkii ayaa maalin ka dabo baxay. Wuxuu arkay Xirsi oo geed jiifa. Horay ayuu u dhaafay oo lo'dii ayuu ka dabo tagay. Haddii uu lo'dii dhex tagayba Xirsi ayaa dhex taagan. Ninkii wareer ayaa ku dhacay. Inuu jarribo oo ciqaab iyo imtixaan isugu daro ayuu go'aansaday. Lo'dii ayuu weylihii la foofiyay. Wuxuu Xirsi kula dardaarmay inuu keeno lo'daas oo aysan weyluhu nuugin. Caqli suuraysan karaa ma jiro lo' iyo maqasheed isla foofay inaysan isnuugin ama qof uu kala celiyo. Eebbe idankii iyagoon afka isa saarin ayuu soo hooyay. Ka sii yaab badane, fiidkii goor la isku dayay in la maalo, weylihiiba lo'dii waa diideen. Milkiilihii oo dareemay in xag Alle laga af xiray ayaa yiri: "Xirsi, aabbo kaalay lo'da weylaha noogu daa." Markii Xirsi isku dayay wax walba sidii caadiga ahayd ayay ku soo noqdeen.

Dabcan miskiin wuxuusan awoodin lagu ciqaabay in Eebbe u gargaaro waa arrin dhacda. Laakiin waxaa la wariyaa arrimo kale oo badan oo noocaan ah kuwaas oo ay ku arkeen dadkuu raaciga u ahaa. Waxaase la hubaa in lala cajabay habdhaqankiisi iyo hannaankiisi oo aad uga fogaa sida kuray qowsaar ah lagu yaqaan. Waa uu waraystay wuuna isu sheegay inuu yahay ina Ugaas dhaxalka taajkana isagu leeyahay. Waqtigaas wixii ka danbeeyay wuxuu kula dhaqmi jiray xurmo iyo qaddarin. Waxaa laga yaabaa inaad qaadan waydo kuray yar ayaa foolkiisa laga gartay maqaamkiisa iyo miisaankiisa. Waxaanse ku leeyahay ma ahan arrin fog ee waa mid in badan dhacday meelo kala duwanna laga diiwaangaliyay. Hal tusaale aan bixiyo oo ka baxsan Soomaalida si yaqiinteennu u kororto.

Ayuub Diyaala wuxuu ku dhashay dhulka maanta loo yaqaan Sinigaal. Qoyskoodu wuxuu ahaa mid culimo oo dhawr oday u kala dhaxlay hoggaaminta aqoonta Islaamka degaankii ay ku noolaayeen. Awoowgii ayaa asaasay magaalada

Bundo. Aabbihii wuxuu ahaa caalim caan ah. Ayuub waxaa hibo loo siiyay fahmo, dhowrsanaan, iyo diin jacayl. Markii uu jiray 15 gu' wuxuu ahaa xaafid Qur'aanka dusha ka qaybay iyo faqiih mad-habka Maalikiga diraaseeya. Wuxuu sidoo kale meel sare ka gaaray culuumta luuqada Carabiga. Magiciisa ayaa ku faafay dhammaan degaannadii u dhowaa waxaana lagu daray culimada loo soo aqoon iyo ogaal raadsado. Waqtiga Ayuub noolaa waa markii uu suuqa fiican yeeshay ganacsigii addoonsiga dadka madow ee Ameerika loo rari jiray. Maalin ayaa waxaa hawlo shaqo isugu raacay Ayuub iyo nin turjumaan u ahaa meel u dhow wabiga lagu magacaabo Wabi-Gaambiya. Soo noqodkoodi ayay waxay ku dhaceen shabakaddii dabatada aadanaha isagoo soddon-jir ah hilaaddii 1730-kii. Waxaa isla markiiba laga tuuray Maraykanka. Markiiba magicii ayaa laga baddalay waxaana loo baxshay Jo Ben. Magicii keliya lagama baddalin e waxaa loo sheegay in sidoo kale diintii laga baddalay oo maanta laga bilaabo uu Nasraani (Kiristaan) yahay. Ninkii hodanka ahaa maanta waa faqiir, shiikhii laga haybaysan jiray, ee waayeelku u sara-joogsan jiray, maanta waa addoon shabuug lagu garaacayo. Ihaano qof gaari lahayd tii ugu xumayd ayuu galay.

Dhawr gacmood ayaa iska iibin iyo soo iibsasho isku dhaafsaday Ayuub. Mar danbe waxaa iibsaday mid doonayay inuu beer u falo balse markii uu arkay inuusan ku habboonayn ayuu lo' raacsaday. Iyadiina wuu ka soo bixi waayay maadaama uu ahaa nin aan weligiis xoolo raacin. Intaas oo uu marayay kama uusan tagin diintiisi iyo salaaddiisi oo hadba sidii ay u qabato ayuu u tukan jiray. Hannaankiisa, haybaddiisa, iyo hal-adayggiisa waa ay wada arkeen inuu addoomihii kale ka duwan yahay. Laakiin maadaama dadka haystay ay ahaayeen badow aan wax aqoon ah lahayn afkiisana aysan fahmi karin, waa ay qiyaasi waayeen sababta uu uga duwan yahay inta la midka ah. 1731-kii ayuu maalin meel geedo dhexdood ah ku dhuuntay si uu salaad waajib ah isaga rido. Waxaa halkaas ku arkay kuray uu dhalay mid ka mid ah kuwii haystay si xunna u bahdilay isagoo salaad ku jira.

Caradii awgeed inuu baxsado ayuu go'aansaday balse waa la soo qabtay oo la xabbisay. Dabadeed waxaa la keenay maxkamad xaafadeed si loo mariyo ciqaab. Halkaas waxaa ku arkay qareen la oran jiray Thomas Bluett kaas oo aqoontiisi iyo waaya-aragnimadiisi ay markiiba dareensiisay duwanaanshaha Ayuub. Thomas wuxuu yiri: qacdii horaba haykalkiisa iyo muuqaalkiisa guud ayaan dareemay in uusan addoomadii caadiga ahaa ahayn. Warqad iyo qalin ayuu codsaday ka dibna wuxuu qoray sadarro Carabi ah kuwaas oo uu akhriyay. Allah iyo Maxamed ayaan ka gartay wuxuu akhriyay. Markaas ayaan gartay inuu Muslim yahay. Laakiin weli dal uu ka yimid iyo qofka uu yahay ma aannan fahmi karin ilaa aan ka helnay mid ka mid ah addoomaha oo afkiisa yaqaan oo noo turjumay. Markaas ayay noo caddaatay inuu ka yimid qoys sare isna yahay ruux sharfan.

Arrintaas waxay horseedday in Ayuub loo qiimeeyo qof ka duwan addoomaha kale. Keliya looma fasixin inuu tukado ee sidaa oo kale waxaa la siiyay meel u gaar ah oo uu ku tukado. Sidaa oo kale waxaa loo oggolaaday in uu warqad u qoro reerkoodi. Warqaddii uu qoray ayaa waxaa dhex ku qabtay James Oglethorpe, oo ahaa sarkaal Ingiriis ah, samafale, iyo asaasihii gumeysiga gobolka Joorjiya ee Maraykanka. James waxaa ka yaabiyay warqaddu sida ay u qoran tahay iyo waxa ku qoran ee silic ah. Wuxuu yiri James: "Waxaa i taabtay silica uu ka sheekeeyay Ayuub." Sidaas darteed ayuu ku soo iibsaday 45 gini, ka dibna Iglan ugu soo diray 1733-kii, sannad ka dibna wuxuu ku laabtay dalkiisi isaga oo xor ah.

Sheekadaan oo aan soo gaabshay waxaan halkaan u keenay inaan fahanno inaysan wax fog ahayn in qof aan horay loo aqoon hannaankiisa iyo haykalkiisa laga garto dabaqadda uu nolosha kaga jiro. Haddii Ayuub, oo dalkiisi u jiro kumannaan mayl—gacantana ugu jira dad aan ku jinsi, af, iyo diin ahayn, ay dareemeen in uusan addoommada kale la mid ahayn, qariib ma aha in Ugaas Xirsi oo dhawr boqol oo mayl keliya u jira halkii uu ku dhashay, jooga dalkiisi, dhex jooga dad ku jinsi, af, iyo diinba ah, ay habdhaqankiisa ka arkaan inuu boqortooyo xidid ku leeyahay. Markii aad si dhow u eegto sheekada Ayuub iyo tan Ugaas Xirsi waxaa kuu caddaan in aadanuhu ka siman yahay qaddarinta iyo sharfidda dadka jaaha ku lahaa dhulkooda ee, sabab keentayba, si uun hoos ugu dhacay. Haddii aan diinta ka eegno xurmada noocaan meelo badan ayay si hufan uga muuqanaysaa.

Suuradda an-Naml (aayadaha 20-34) waxay ka warrantay boqoraddii Balqiisa ee tolkeedi qorrax-caabudka ahaa madaxda u ahayd. Goortii khabarkeedu gaaray Nabi Sulaymaan CS waa isagii warqad u diray uguna yeeray Islaamnimo. Markii ay heshay farriintii waa iyadii isugu yeertay golaheedi si ay ula tashato. Waa iyagii ku yiri na amar, waxaad tiraahdo baanu ku dhaqaaqaynaaye. Waa iyadii tiri: marka boqorradu ay galaan (si xoog ah) magaalo way baabi'iyaan, dadkeedi sharafta lahaana waxay ka dhigaan kuwo dullaysan—saasayna falaan (an-Naml: 34).

Balqiisa, oo ihaanadaas loo geysan karo dadka qiimaha leh diiddan, ayaa doorbidday inay arrinta wadahadal ku dhammayso sidaasna hadiyad ugu dirto Nabi Sulaymaan CS, ugu danbayna ay iyadu ku aqbashay raacidda Rasuulkii Alle. Sidaa oo kale, waqtigii Cumar ibnul Khaddaab uu khilaafada hayay waxay ahayd goortii xididdada loo siibay dawladdii dabcaabudka ee reer Faaris. Dagaallo muddo socday ka dib, waxay Muslimiintu qabsadeen qasrigii boqorka. Dadkii maalintaas addoommo iyagoo ah la qabsaday waxaa ku jiray saddex gabdhood oo uu dhalay boqorkii reer Faaris ee lagu magacaabi jiray Yasdajurda. Suuqa kala iibsiga addoomaha ayay keeneen kuwii qabsaday oo aan qaddarin gaar ah u hayn hablahaan curdanka ah ee ilmo boqor ahaa maalmo uun ka hor. Waxaa suuqii yimid Sayid Cali RC. Wuxuu arkay gabdhihii oo madaxa hoos u rogay xishood iyo yaxyax awgii. Wuxuu akhriyay murugada saaran hablahaan wajigooda iyo musiibada ku habsatay. Wuxuu helay xogta gabdhaha. Wuxuu la hadlay Cumar RC. Wuxuu ku yiri gabdhuhu dadka la mid ma aha. Haddii aan oggolaanno inuu iibsado qofkii doonaa, waxaa laga yaabaa inay ku dhacaan gacan aan wanaajin oo sidaas tacaddiyo ugu dhacaan. Waxaan soo jeedinayaa inaan gabdhaha qiimahooda sare u qaadno si dadka iibsan karaa uu u yaraado. Qiimaha keliya yaannan ku dayn e, aan iyaga siinno inay doortaan qofka ay guursanayaan ama iibsanaya. Cumar RC waa uu ku waafaqay soojeedintii Cali. Gabdhihii waxaa qiimahoodi bixiyay dhalinyaro saxaabo sharaf badan ahaa. Waxay ku hubsadeen gacmaha Ibnu Cumar, Sayid Xuseen Cali ibnu Abii Daalib, iyo Maxamed ibnu Abii Bakar. Waxaa ka beermay gabdhihii iyaga ahaa dad qiimo badan oo taariikhda baal dahab ah ka galay. Waxaa ka mid ahaa Saynul-Caabidiin oo gabdhihii mid ka mid ah ay u dhashay Sayid Xuseen ibnu Cali ibnu Abii Daalib. Sidaas ayay ilaa uunkii hore, aadanaha ugu beernayd u asxaan-falidda dadka muunadda lahaa ee jabku gaaray.

Xaqiiqdii ninka Soomaaliyeed ee Ugaas Xirsi u gacangalay garashadaas toolmoon ee Eebbe Weyne aadanaha ku galladay ayuu lahaa. Sidaa ayuu intuu hayay u wanaajiyay hoygiisa, hu'giisa iyo haybaddiisa. Wuxuu ka soocay wiilasha la da'da ah oo ay ku jiraan kuwa uu isagu dhalay. Wuxuu u sameeyay weelal gooni u ah isaga oo cuntada lagu siiyo. Wuxuu u la dhaqmayay si sharaf leh oo aan xadgudub iyo quursi keenayn ilaa uu u arkay in uu fasaxo.

Maalin danbe ayuu ku yiri aan ku fasaxee ma taqaan meel reerkiinni jiro. Wuxuu Ugaas Xirsi ku jawaabay: Haa oo Garbahaarrey meel la yiraahdo ayay jiraan. Waad idman tahay ee cid ku geysa raadso ayuu yiri. Ugaas Xirsi ma uusan aqoon jiho tolkiis ka xigay iyo jid loo maro toona. Wuxuu raadis u galay cid jid marisa. Wuxuu helay nin dhulyaqaan ah oo reer Shabeelle ah. Wuxuu kula heshiiyay qaalin lo' ah oo afar-jir ah oo ku yiri dadkayga ayaa ku siin doona markaad ii geyso. Halkaas waxaa nooga muuqda in uusan ahayn qowsaar xuquuq leh ee loo isticmaalay sidii addoon la leeyahay. Hubaal, hadduu noqon lahaa nin loo xoolo gooyo ma aysan dhacdeen inuu waayi lahaa qaalin lo' ah oo lagu jid mariyo. Wuxuu Xirsi ku socday nin la oran jiray Kaarshe Cilmi Dhalacad oo aabbihii ay qaraabo ahaayeen sida uu iigu warramay Sheekh Xasan Jaamac Jaad. Xirsi kuma uusan hungoobin malihiisi oo Kaarshe, oo waqtigaas wax xoolo ah ka lahaa shan neef oo lo' ah, ayaa qaalintii ka bixiyay wiilkii uu adeerka u ahaa. Sheekh Xasan Jaamac Jaad wuxuu ii sheegay in ducadii maalintaas Ugaas Xirsi ka raacday lo'da Kaarshe ilaa maanta ay socoto oo aysan tiro ka hoos marin lo'da reer Kaarshe abaar kasta oo dhacda. Sidaas ayuu Ugaas Xirsi ku soo cidgalay.

Haddii uu soo gaaray carradii ay naftiisu calmatay, dhulka uu yimid xaalad caynkee ah ayuu ugu yimid?

SADDEX

Sida aan kor ku soo xusnay, Marreexaankii yimid waxaa ku jiray ciidan hubaysan oo Daraawiish ka tirsanaan jiray. Imaanshaha ciidankaan wuxuu shaki weyn galiyay gumeystihii Ingiriiska oo sannadahaas uun saldhigtay Waamo. Shakiga ayaa ku qotomay dagaalkii ba'naa ee u dhexeeyay Daraawiish iyo Ingiriis ee ka socday Waqooyiga Soomaaliya. Ingiriiskii joogay Jubbaland ayaa cabsi weyn ka qabay galtidii imaanaysay in ay xiriir la leeyihiin Sayidka iyo Daraawiish. Mid ka weyn cabsida uu dareemay Ingiriisku waxa ay la daristay qabiilooyinkii Soomaaliyeed ee dhulka sii degganaa, kuwaas oo dhac iyo weerar joogta ah kala kulmay galtidii dhowaan soo gashay. Raggaan yimid, oo Gedo looga yaqiinnay *Furmacad*, wax maal adduunyo ah waxa ay kala yimaaddeen hub iyo fardo. Haddii dhul cusub la yimid tabac waa lamahuraan si loo noolaado. Axmed Faarax Cali (Idaajaa) oo ka warramaya dadkaasi tabacii ay galeen waxaa uu yiri[1]:

Gedo ha soo degeene, beeluhu xoolo qumman ma wataan oo qaar ka mid ah neefba kama dhaco. Waa cayr faro madow. In la xoogsado ayay istuseen, xoogsigiina wuxuu dhaafi kari waayay dadkii ay dhulka ugu tageen xoolihii u xareysnaa! Wuxuu ahaa xoogsiga keliya ee ay garanayeen, laguna soo ababiyay. Waxay ahayd ababin ku salaysnayd, nin kastaba ha lahaadee, geel raamsanayaa inta uu jiro nin weyni inuu ka gaajoodo amaba uu ka fara-marraadaa inay tahay liidnimo aan la isugu garaabi karin!

Nin la oran jiray Cali-Cad Isxaaq Xasan oo tilmaamay sidii Furmacad dhaca geela caadi uga dhigteen ayaa yiri:

Furmacad baan xogteed helay
Anigaa la fiidsaday
Waxay faral ku qaadeen
Nin faruuryo geel dhaqay
In ayan kala fayoobaan.

I N. Dracapoli oo ahaa dhulmareen Ingiriis ahaa, marayna Jubbaland horraantii 1910-neeyadii ayaa

---
1 Shan Sheeko, b.110.

SADDEX

isna sheegay dhaca xooluhu in uu yahay madaddaalo galtidu aad u jeceshahay. Isaga oo iftiimiyay sida ay Galtidu boolida ugu mammanayd iyo dhibkii ay u geysanayeen beelihi sii degganaa dhulka:

> Waxa ay sababeen fadqalalle Galtidii dhowaan timid iyagoo weerarro ku kiciyay qabiilooyinkii saaxiibka la ahaa maamulka kuwaas oo dawladda gargaar weydiistay.

Walaacii Ingiriisku qabay, colaadda ay abuurtay Galtidii timid, iyo cabashadii reerihii sii degganaa Gedo ay Ingiriiska u dirsadeen, waxay keentay in maamulka Ingiriisku 800 oo askari Gedo u diro. Wuxuu dadaal u galay sidii uu hubka uga dhigi lahaa Marreexaankii Gedo joogay. 1908-dii ayuu Ingiriisku u soo bandhigay Galti-Marreexaan in ay hubka ku wareejiyaan. Laakiin dalabkaas waa ay ku gacansayreen. Ingiriisku qorshihii hub-ka-dhigista halkaas ayuu ku hakiyay maadaama aan miisaaniyad loo hayn. Labo sannadood ka dib (1910) ayuu mar kale soo noolaaday qorshihii hub-ka-dhigista Marreexaan. Bishii May 1910-kii ayuu kornayl Thesiger, oo ahaa kormeerihii guud ee ciidankii Ingiriiska ee loo yaqaannay *King African Rifles*, ku dooday in hub-ka-dhigis lagu sameeyo Marreexaan ay lamahuraan u tahay qorshaha maamulka Ingiriiska lagu gaarsiinayo dhulka hoose iyo furitaanka xarunta Doolow. Ciidammada jooga oo aad u yar iyo Marreexaan oo aad u hubaysan awgeed, siyaasadda kor-ka-kala-socoshadu waa musiibo aan doonannay ayuu ku dooday kornayl Thesiger. Sidaas awgeed waa in hubka laga dhigaa Marreexaan. Dhawr biloód ka dib, Hope oo ahaa sarkaal dhowaanahaas loo soo magacaabay NFD ayaa ayiday kornayl Thesiger isaga oo yiri dib dhig la'aan waa in Marreexaan hubka laga dhigaa.

Horraantii Oktoobar 1912-kii ciidan roondo ah oo uu hoggaaminayay Hope, ayna weheliyeen ciidan badan oo Cawlyahan ah, ayaa u ambabaxay dhul Marreexaan. Labo toddobaad gudahood, waxaa la soo jeediyay in roondadu ay dhammaan doonto ugu danbayn Disambar. Roondadaaan ayaa u muuqatay mid guul degdeg ah laga gaaray laakiin bilowgii 1913-kiiba waxaa soo baxday in aysan dhalin natiijadii wacnayd ee laga filayay. Janawari 1913-kii Hope waxaa ka muuqatay rejo weyn. Wuxuu soo gabagabeeyay sahankii uu ku joogay dhul Marreexaan wuxuuna hadal ku soo xiray in Marreexaan diyaar u yahay in uu dawladda la shaqeeyo. Hasayeeshee waqti yar gudihiisba waxaa soo baxday in Hope 'laf cad toobin ku hayay'. Lixdii Maaj, Mure ayaa talagaraaf uu Luuq ka soo diray ku sheegay in Reer Faarax Ugaas (Marreexaan) si cad dawladda uga horyimaaddeen wuxuuna codsaday in fasax loo siiyo in uu tallaabo dhaqso ah ka qaado. Mure mar kale ayuu, 12-kii Maaj, talagaraaf ku soo sheegay in Reer Faarax Ugaas dhexda u galeen reero Reer Cali ah (Cawlyahan, Ogaadeen) oo 900 oo geel ah iyo 30 bunduq ka dhaceen. Wuxuu intaas ku daray in ay si cad u diideen in ay maalkaas soo celiyaan markii ay dawladdu ka codsatay. Fasax uu dawladdiisa ka helay ka dib, Mure wuxuu si kedis ah weerar ugu qaaday Reer Faarax Ugaas isaga oo ku guuleystay in uu hubka ka dhigo intii uu gaaray. Guushaas dhaqsada ah ayaa galisay rejo ah in uu Marreexaan oo dhan dabka ka dhigo. Bishii May 1913-kii ayuu idan u helay qorshahaas. Wuxuu isu diyaariyay in uu jilibba mar dabka ka dhigo isaga oo doortay in uu ka bilaabo beesha Reer Axmed. Khilaafka iyo aanooyinka aan dhammaan ee Soomaalida dhexyaallay aqoon uu u lahaa aawadeed ayaa ku dhalisay Mure in ay sahal tahay in Marreexaan jilibba mar hubka laga dhigo iyada oo kan kale uusan u gurman.

Hase ahaatee malahaas wuxuu noqday mid lagu hungoobay. Dhammaadkii May waxaa xaruntii Ingriiska ee Sarinley ku taallay soo gaaray warar sheegaya in Reer Axmed garab ka helay Cali-Dheere, oo dawladdu dhinaceeda ku xisaabsanaysay. Mure waxa uu codsaday taakulo iyo ciidan dheeraad ah. Disambar 1913-kii ayuu Mure helay fasax buuxa oo uu ku weeraro Marreexaan. Laakiin waqtigaan Marreexaan oo ku midoobay hoggaanka Xaaji Maxamed Sheekh Cali ayaa isu diyaariyay duullaan ay ku qaadaan xaruntii Ingiriisku ku lahaa Garbahaarrey. Ciidaankaan uu hoggaaminayay Xaaji Maxammed ayaa go'doomiyay xaruntii Garbahaarrey Ingiriisku ku lahaa. Taas ayaa keentay culeys badan in laga dareemo Sarinley oo ahayd xarunta ugu weyn ee Ingiriisku Gedo ku lahaa. Graham ayaa goortaas ku cataabay in ay adkaan doonto in uu caawiyo ciidanka Garbahaarrey ku go'doonsan haddii uusan gacan ka helin beesha Cawlyahan. Kuma uusan hungoobin malihii uu Cawlyahan ku qabay goortaan. Waxaa uu helay taageero xooggan oo u suuragalisay in uu si nabad ah ku maro Garbahaarrey ilaa Luuq. Gacanta uu Ingiriisku ka helay Cawlyahan waxay ku qotontaa siyaasaddii qaybi oo xukun iyo qoloba markeeda tan kale ku dil. Mid walba marka ay hesho fursad ay ku taageerto cidda ay is-hayaan lidkeeda kama aysan baaqsan jirin.

Waxaa jirtay colaad u dhexaysay labadaas beelood oo isku hayay dhul daaqsimeed sida Soomaalida caadada u ah. Waxaa isku dhacdhaci jiray Cawlyahankii iyo Marreexaankii wada degganaa Koonfurta Gedo. Ayaamihii hore, sida uu qoray Turton (1970), Cawlyahanka waa laga cudud roonaa. Laakiin imaanshihii reer Afgaab (Cawlyahan), ee dhacday 1908-dii wixii loo soo gaaray, ayaa kafaddu dhinaca kale isu rogtay. Cawlyahan ayaa cududda weyn yeeshay. Saddexdii sano ee raacdayna waxay weerar joogto ah ku hayeen Marreexaan. Waxay sidoo kale gacan siinayeen gumeystihii Ingiriiska ee ay Marreexaanka is-hayeen. Dhinacooda, Marreexaanku wuxuu taageeray Maxamed Subeer goor dagaal dhex marayay iyaga iyo Cawlyahan sannadihii 1907–1908. Sannadkii 1909-kii Marreexaan ayaa dilay Xasan Warfaa oo ahaa oday aad ugu weynaa Cawlyahanka. Dilkaan ayaa huriyay colaad iyo duullaanno aarsi-doon ah oo isdabajoog ahaa. Xaaji Cabdiraxmaan Mursal oo ahaa oday dhaqameed, wadaad iyo dagaalyahan, ayaa weerarro isxigxigay oo uu ku doonayay in uu ugu aaro Xasan warfaa ku qaaday Galti Marreexaan. Weerarkii ugu khasaaraha iyo xanuunka badnaa wuxuu ahaa mid ay ku qaadeen 1916-kii Reer Faarax Ugaas degganaa Garbahaarrey oo berigaas duur geelu daaqo ahayd. Halkaas waxa ay Cawlyahanku ku dileen 30 nin oo maqaawiirtii beeshaas ah uuna ka mid ahaa odaygoodi Faarax Good.

Dhinaca kale, Marreexaanka qudhiisa ayaa kala qaybsanaa waqtigaas. Galtidu waxay dhulkii ay degi jirtay ka soo caymatay iyada oo dakano kala qabta. Waxaa soo wada hayaamay rag col xiiraxiira ah isu qaba oo dhiiggoodu isu holcayo. Mar haddii la yimid berrin cusub iyada oo cayr la yahay, asii aysan iyagu kala badbaadin, waxaa u muuqatay in aysan dhulkaan calfan doonin. Wixii laga yeeli lahaa colaadihii hore si ay intooda Galtida ah ku kala nabad galaan ayaa xal loo doonay. Hormuudkoodi ayaa shirar dhawr ah yeeshay. Idaajaa oo arrintaa wax ka qoray wuxuu yiri:

> Waxay dani isu keentay niman isyaqiinnay asii aan waligood u malayn inay geed hoostiis soo wada fadhiisan doonaan. "war waxa ina haysta waynu aragnaaye, side baynu yeelnaa? Col dhexdeenna ah iyo mid shisheeye ma

wada qaadi karaynee, maxaynu yeelnaa?" Su'aalahaas baa la is waydiiyay. Nin ba meel buu ku dhuftay. Nin yiraahda: mag ha la kala qaato [tolow xaggee ka keeni lahaayeen xoolaha ay magta isu siinayaan?]. Mid yiraahda: culuq ha la isu celiyo. Iyo mid yiraahda: gabdho ha la isa siiyo, intuba way ka yeedhay goobtii la isugu yimid.

Ninkii ugu talada fiicnaa ee raggii hadlay ugu danbeeyay wuxuu yiri: "ragow, mid lagu dawoobo aniga iga dhagaysta. Waxaa iga talo ah, dhiig wixii la kala qabey, xoolo wixii la kala dhacay; godob oo dhan wixii ay doonto ha ahaatee, aynu 'maaf' ka dhigno. Wixii Gedo ka horreeyay aynu xalay-dhalay ka dhigno oo, maanta ka dib, cid cid wax u sheegataa yay jirin. Inkastoo raggii meesha fadhiyay uu qaarkiis mashiiqsaday, haddana waxay noqotay talo ay intii badnayd madaxa u ruxday, gadaalkiina la wada qaatay. Guddoonka la isagama harine, waa la isdhaarsaday oo nin waliba afar-iyo-tobanka iyo boqolka intuu maray ayuu, isaga oo ballan Eebbe iyo ballan tolba xanbaarsan, geedkii ka carraabay."

Cidda isxogwaraysatay, heshiisay, in ay kala badbaadana ballanka ku gashay waa Galti keliya oo Marreexaankii awal sii joogay axdigaan ma daboolin. Dadka geelashooda la mooro-duugayo ayay ka mid ahaayeen Marreexaankii horay u sii joogay ee reer guriga loo yaqaannay. Sidii Soomaalidu tirina "geel doono waxay leedahay geesi dhiig leh" dadka xoolahooda loo tashanayo burcad gacmaha kuma aysan haysan. Sida uu qoray Turton (1970) waxaa jiray khilaaf u dhexeeyay reer Xasan (Guri) iyo Isaaq Gaalshireedle (qaarkiis Galti ahaa). Khilaafkaan mararka qaar ayuu isu baddali jiray gacan ka hadal iyo xoolo kala qaadid. Isaaq dhexdiisa nabad ma wada ahayn. Reer Faarax Ugaas oo ka dhashay Isaaq Gaalshireedle ayaa isku dayay in uu qabto hoggaanka Marreexaan oo uu awal ku hayay dhulkii laga yimid. Iskudaygaan waxaa diiddanaa jifooyin ka mid ah Isaaq, sida uu qoray Turton (1969).

Xirsi haddii uu colaad uga soo caray meeshi uu ku dhashay, halka uu ku socdo waa gobolka sidaan la isugu haysto ee colaadahaan jihooyinka badan ka aloosan yihiin. Dadka ku nool jawiga noocaan ah ayuu safar u yahay oo uu doonayaa inuu ka soo nooleeyo saldanadii uu aabbihii uga dhintay.

Dooniddii Ugaasnimada

Waqtiga uu yimid Ugaas Xirsi, waxaa gobolka ugaasnimo sheeganayay nin la oran jiray Samatar Kooshin Cali Ugaas Jaamac oo lagu garan og yahay Samatar-Ileey. Samatar wuxuu qaraabo dhow la ahaa Ugaas Maxamed Ugaas Guuleed Cali Ugaas Jaamac. Waxaa u muuqatay, mar haddii uu ugaaskii dhintay cid dhaxashana uusan ka tagin, in aan isaga laga mudnayn ugaasnimada. Sidaas ayuu isu caleemo saaray markuu Gedo yimid. Mar hadduu yimid ninkii xaqa u lahaa, Samatar oo markii horaba sheegasho mooyee, aan aqbalaad helin, ayaa xirsi ku soo dhoweeyay taajkii. Hayeeshee sidaas fudud kuma uusan qaadan saldanadiisi. Waxaa gobolka horay u sii joogay rag kale oo iyaguba sheeganayay inay saldanada hayaan horayna xaq ugu lahaayeen. Waxaa raggaas ugu cadcaddaa Diiriye Shakuul, oo sidaan, gadaal ugu tagi doonno, marna aan aqbalin ugaasnimada Ugaas Xirsi. Diiriye falcelintiisi ugu horreysay, markuu maqlay Xirsi baa yimid oo ugaasnimo u sharraxan, waxay ahayd inuu yiri: "Maxaa ugaas lagu falayaa, carradu boqor bay leedahay, duqna waa leedahaye?!" Markii la weydiiyay yaa boqor ah yaase duq ka ah? Wuxuu ku jawaabay: "Anaa ka boqor ah, Maxamuud Dhoorre ayaana ka duq ah."

Kuma aan guuleysan in aan helo taariikh cayiman oo Ugaas Xirsi uu Gedo yimid iyo goorta la caleemo saaray toona. Hayeeshee, waxaa cad inuu yimid waqtigii weli Ingiriisku Jubbaland ka talinayay (1925-kii ka hor). 1900-dhawr-iyo-tobannadii marar badan oo Ingiriisku isku dayay in uu la kulmo odayaashii Marreexaan hoggaaminayay marna lama xusin Ugaas Xirsi. Sidoo kale, ma jirin ugaas guud oo Ingiriisku isku dayay inuu la shiro. 1909-kii, tusaale ahaan, saraakiishii Ingiriisku waxay isku dayeen inay la kulmaan dhammaan odayaashii matalayay beelaha

Marreexaan. Kulankaan waxaa qabanqaabiyay nin la oran jiray Cabdulbaari oo Ashraaf ahaa maamulkii Ingiriiskana u shaqayn jiray, iyo Diiriye Shakuul oo isna maamulka markaas la shaqaynayay. Odayaashii goortaas loo yeeray kuma uusan jirin Ugaas Xirsi magaciisana meelna laguma xusin. Beel walba oday gooni ah oo ay lahayd ayaa la casuumay. Reer Xasan Axmed Aadan Rooble, Reer Faarax Ugaas Faarax Good, Cali-Dheere, Sheekh Ismaaciil Makalaa, Reer Axmed Shire Jaamac Garaar, iyo kuwo kale. Arrintaas waxay inoo iftiiminaysaa in waqtigaas uusan weli imaan ama uu yimid balse uusan ugaas noqon. Waxaa kale oo cad in la caleemo saaray intii weli Ingiriisku ka talinayay Jubbaland. Dhulmareen Talyaani ahaa oo maray Jubbaland horraantii 1900 iyo labaatanaadkii wuxuu qoray in ugaaska guud ee Marreexaan yahay Ugaas Xirsi Ugaas Maxammed, isaga oo ku tilmaamay nin aan awood badan lahayn amarkiisuna uusan fulin. Waxay u badan tahay in markani ahayd wax yar uun ka dib caano-shubkiisi. Waqtigaas oo weli uu ku jiray barasho, fahan, iyo isdhabbarin. Intaas waxaa laga soo dhiraandhirin karaa in Ugaas Xirsi la caleemo saaray intii u dhexaysay 1914-kii iyo 1923-kii.

Haddii uu yimid, ugaasna noqday hawsha u taallay ma ahayn oo keliya heshiis iyo nabadayn uu kala dhex dhigo beelaha oodwadaagta ahaa ee dirirtu aafaysay, ee waxaa taas ka sii weynaa in la carbiyo Galtida tol ahaanna isagu uu ka dhashay dhul ahaanna ay ka wada yimaaddeen. Inkastoo uu Galti ku hilbo iyo hayb hoose yahay reergurina waa dadkiisi ka soo horreeyay oo hiilkooda iyo hoodooda aysan ka maarmayn boqornimadiisu. Isu keenidda labadaan kala durugtay, isku wadiddooda, iyo kuwa danbe la jaanqaadsiintooda kuwa hore ee nabadda qaayibay waa halbeegga la saarayo hoggaaminta Ugaas Xirsi.

Ballantii ay Galti gashay, haddii ay ahayd wixii Gedo ka horreeyay 'maaf' aynu ka dhigno, wixii danbe ee dhaca waxaa waa ammuur kale oo rag rabta. Xeerar lagu dhaqmo, oo dadka xakameeya, iyo xal waara oo looga gudbo noloshii xaraarayd ee xakaarka badnayd, ayuu ku guuleystay Ugaas Xirsi. Xeerarkaan uu soo saaray kana dhalanayay hadba wixii soo kordha la falgaliddooda, fatishkooda, iyo fayoobayntooda ayaa gobolka galiyay marxalad nabadeed oo lagu naalooday. Degganaansho oggolaaday in Marreexaan nabad ku wada noolaado isaga oo aan isboobayn ama aan isdileyn. Xasillooni soo afjartay deris weerarkii iyo ku xisaabtankii xoolaha ku jira xeryaha qabiilooyinkii oodwadaagta la ahaa.

Nabaddaan ayaa lagu negaa ilaa ay timid dhacdadii nasiibdarrada ahayd ee loo yaqaan Cali Dadamle.

AFAR

Tobanlihii u danbeeyay qarnigii 19-aad ayaa waxaa yimid rag hubaysan oo Marreexaan ahaa kuwaas oo loo yaqaan Boqol-boqol-saaran. Taas oo looga jeedo boqol nin oo boqol faras saaran. Ma cadda sida ay hubka ku haleen iyo cidda soo dirtay balse waxay u muuqdeen kuwo u yimid gurmad ay u fidinayeen Marreexaankii Gedo sii joogay. Intii u dhexaysay 1892-kii iyo 1896-kii ayaa wuxuu dagaal lagu hoobtay dhex marayay beelaha Marreexaan iyo Saransoor (Dagoodiye, Masarre iyo in ku daaban). Sida uu qoray Turton (1970), Dagoodiye ka soo gudbay dhinaca Doolow ayaa dagaal xooggan ku qaaday Marreexaankii degganaa Humbaale ilaa Daawo 1892-kii. Dhul badan ayay ka kiciyeen oo aad ayaa loo riixay Marreexaan. Ciidankaas gurmadka ku yimid ee hubka casriga ah watay ayaa qasbay in Dagoodiye dib loogu celiyo daanta shishe ee webiga Daawo oo markii hore uu ka soo gudbay. Dagaalyahan Masarre ahaa oo tilmaayay sida hubkaan cusub ee lala yimid meesha uga saaray midkii hore ee lagu dagaallami jiray geelashiina qori loogu dhacay ayaa laga hayaa:

Haddaan Dabaceey dab laguu gadin
Maxay Daawo kaaga keeneen
...
Nin masaar wato mayleey ma furtee
Illeen adduun Masarraa u maan daran!

Horraantii qarnigii 20-aad ayaa waxaa, sidoo kale, soo gudbay rag badan oo ka mid ahaa ciidankii Daraawiishta. Raggaan ayaa Gedo looga yaqaan Furma-cad, taas oo laga dhaliyay duubkii caddaa ee madaxa ugu duubnaan jiray ciidankii Daraawiishta. Raggaan oo qabay tababbar ciidan hub casri ahna watay, ayaa dhinac u iilay miisaankii awoodda ee u dhexeeyay beelihii Soomaaliyeed ee ku loollamayay Waamo. Dilkii Cali Damdamle (1950-aadkii), oo ahaa Ugaaskii Garre iyo dagaalkii raacay, wuxuu keenay in Marreexaan ilaa Ceelwaaq gaaro dagaalkii adkaa ee dhinaca Garre ka haystayna uu soo xirmo ugu danbayn 1900 iyo kontannadii. Sababtii hurisay dagaalkaan waxay ahayd go'aan uu soo saaray Ugaas Cali Dadamle AUN. Beesha Garre waxay hoos tagi jirtay gumeystihii Ingiriiska ee xuduud-beenaadka dhinaca Kiiniya ka arriminayay. Isaga ayaa cashuuri jiray odayaasheedana mushahar siin jiray. Dhinaca kale, waxaa haystay Talyaani oo Marreexaanku ku hoos noolaa. Seere cayiman oo labada saancadde isla xarriiqeen, beelaha degganna ay yaqaanneen ayaa loo dhigay. Goor danbe Garre ayaa soo yara durkay oo xuduudkii Gedo hoos u soo galay. Dareen badan ma dhicin. Waqti yar ka dib Gedo, waxaa ka dhacay abaar. Mar haddii dhulkii daaqsintii ku yaraatay halkii calaf lagu sheego in xoolaha loo raro waa iska dhaqan Soomaali oo aan sharraxaad u baahnayn. Diirharo, oo ilaa maanta ah kobta ugu danbaysa daaqa Gedo, ayaa la isku shubay.

Diirharo waqtigaan waxaa gacanta ku haya oo isku soo ballaariyay Garre. Dhulku waa oommane sida uu maanta yahayba. Waxaa laga cabbaa waro dhawr ah oo ilaa maanta jira. Ugaas Cali wuxuu soo rogay in geela Marreexaan laga qaado qurbac ama qaalin ushiiba mar walba oo uu soo arooro. Qoys walba oo soo aroora in qurbac laga qaado waxay ahayd arrin ku culus dad xooladhaqato ah. Waa la oomay oo la dhibtooday. Wiil Garre ah oo ku baanaya dhulka ay qabsadeen iyo sida ay Marreexaan u oomiyeen ayaa ku jiibsaday:

Dhaso iyo Dhuudhuu annagaa dhacnayee
Xaggeed dhusuqlow u dhaansani?

Odayaashii Marreexaan arrintaan dhib badan haba ku haysee, inay dagaal isaga rogaan kuma tashan. Dadka waqtigaan noolaa waxay ahaayeen kuwo nabadda qaayibay. Galtidii dagaalka ku soo gashay gobolka ama waa dhinteen ama waayeel aan waxgal ahayn ayay ahaayeen. Carruurtii ay dhaleen dhul ballaaran, oo hodan ah oo biyo iyo baad ku filan yaallo, ayay ku koreen. Sidaas ayaysan u arag dagaal colaadna loogu barbaarin. Guud ahaan Marreexaankii markaas joogay dagaal xiiso uma qabin. Goor arrin sidaas yahay, oo Ugaas Cali carriga ku amar-taagleeyo, ayaa waxaa arrintii dhibsaday nin la oran Cali Indhayare Aftaag oo ku caan ahaa Cali-Bari.

Sida magaca ka muuqataba Cali dhowaan ayuu Bari (Mudug) ka yimid. Wuxuu jeclaystay in arrintaan laga dagaallamo. Cali-Bari waxa uu tiriyay tix guubaabo ah. Tixdaan oo aan inyar ka helay wuxuu ku tilmaamayaa ciilka lagu nool yahay, xoolaha sida xaqdarrada ah la isaga qaadanayo, nolosha la isu qaraareeyay taas oo uu ka dhigay in ay dhaanto dhimasho iyo qiyaamaha oo dhaca. Wuxuu sidaa oo kale ugu duurxulay rag dagaal iyo geesinnimo lagu ammaani jiray. Raggaan ayuu ku ceebeeyay in waxa laga sheego aysan u qalmin haddiiba ay Cali Dadamle wax ka qaban waayeen. Wuxuu si gaar ah u magacdhabay Cali Madoobe nin la oran jiray oo dagaalyahannimo iyo shiish ku shaac baxay. Cali Madoobe wuxuu u dhashay beesha Fiqi Yacquub wuxuuna ahaa askartii Talyaaniga. Ka dib wuu ka baxsaday wuxuuna isu baddalay mujaahid keligii-duul ah oo duurka ka dagaallama. In badan ayuu madaxa ka toogtay askar uu Talyaanigu u soo diray in ay soo qabtaan. Nin laga baqo oo boqol-ku-aad ah ayuu ahaa. Wuxuu yiri Cali-Bari:

*Layaab weeye magacaan xumaan maanta
    dabadeed'e
Mudkaa nagala dooxaye lafaha kama miraadneen'e
...
Mariidka ay dhaalinahayaan waa hal maraqeed'e
Kol ay Cali Madow ku tahay naftay
    maadinahayaan'e
Mahdigu ha iska daahiro adduun nagala maahiirye*

Gabaygaan ayaa gaaray Cali Madoobe. Wuxuu noqday nin la xiniinyo taabtay. Haddii uu ka dhiidhin waayo, wuxuu isu arkay in magaciisi moolka tagay. Wuxuu isku raray hubkiisi jiho Ceelwaaq ayuuna u dhaqaaqay isaga oo ay weheliyaan labo nin oo kale. Dhawr cisho oo guuro-bahallayn ah ka dib, wuxuu istaagay albaabkii Cali Dadamle oo uu sii haybsaday. Saq dhexe ayuu ku soo dhacay raaskiisi. Waa salaamay oo hubsaday qofka la hadlayaa in uu isagii yahay. Markii ay u caddaatay in uu helay yoolkiisi ayuu xabbad afsaar ah ku ekeeyay. Halkaas ayuu Cali Dadamle AUN xag Eebbe ugu hoyday, Cali Madoobana isaga oo isu arka in uu magiciisi iyo sumcaddiisi ilaashay soo dhaqaajiyay. Cali Madoobe waa soo bad baxay oo si nabad ah ayuu Marreexaan ku dhex yimid. Waxaa la sheegay markii uu yimid in uu yiri, "farriinta ha la gaarsiiyo Galtigii meelaha ka qaylyayay!", oo uu ula jeeday

Cali-Bari. Markii uu helay farriintii, Cali-Bari waa libin-geeraaray wuxuuna tiriyay tix gabay ah oo aan ka helay baydadkaan yar:

Warka xalayto Ceelwaaq ka yimid waan cajabayaaye
Waa duni cusayb loo rogay oo haatan caadidaye
Waa cadow la heeriyay sidii caadadii hore'e
Caddiin iyo madow khalqiga labada caynoodba
Intuu Cali Madow kacay rag kale ciil ka bixi waaye
Ma cirfiidki baa helay wiilki geela soo celiyay
Goortuu calaacalay miyuu caro kasii qaaday
Cantallaa miyaa cunay markuu cududihii gooyay
Ma coomaadigaa cunay hilbaha carrabyadii dheegga
Ree Sade durbaan iyo cayaar iyo calan miyaa u saaran
Ma cirkaa kusoo dumay Sab-dhabe waaga cirifkiisa
Ciir-ciir miyuu dagay intuu cararay oo rooray
Allow wiilka noo caymi waa caynad gooni ah'e

Hasayeeshee, Garre sidaas kuma harin. Wuxuu soo qaaday weerar gaadmo ah oo aysan cidina filan. Sababta filanwaaga keentay waa in dilka Ugaas Cali aysan cidi ka tashan. Go'aan hal nin qaatay si qarsoodi ahna uu u fuliyay ayuu ahaa. Reerihii Marreexaan ee Garre jaarka la ahaa looma digin. Reerahaan oo ka soo jeeday beesha Cali Maxamed (Cali-Dheere) ayaa iyaga oo warmoog ah Garre weerar aan kala sooc lahayn ku kinkimay. Carruur iyo cirroole cid ay gacantoodu gaartay ma baxsan. Waxaa la sheegaa in carruurtii ku qaylyaysay Alla adeerow, markii dagaalyahan Garre ah waranka isu la kala jiido, jawaab looga dhigayay, "Adeerkaa waanba ahaye, aaway Cali Afmadoobe!" Taas oo ay ula jeedeen geeridii Ugaas Cali ayaan wax walba oo naxariis ah uga tagnay. Dad labo boqol oo qof ka badan ayaa dhawr beri gudahood lagu xasuuqay. Intii ka badbaadday birtii Garre midba meel ayuu u baynuunay. Carro Ceelwaaq iyo meel Garre gaaro ayaa laga waayay qoys Marreexaan ah. Waraabe daalay dirirtiisaa loo tagaaye, colaaddii waxay gaartay reero meel ay u qaxaan aysan u dhowayn. Reero Talxe, Soonfure, iyo Reer Cismaan ah ayaa go'aansaday in ay halkooda jilibka dhigaan. Nabaddoon Xasan Muxumed Maxamed oo lagu garan og yahay Xasan-Dabac, oo ahaa nabaddoonkii beesha Talxe kana mid ahaa raggii ugu magaca dheeraa Gedo uguna hoggaaminta wacnaa, ayaa laga reebay hees uu tiriyay habeen uu ciidankiisa u sheegayay in aysan jirin cid ay isku hallaynayaan iyo gurmad ay sugayaan toona. Wuxuu yiri hoggaamiyahaasi:

Ciis-Weyne waa la waayay
Cali-Dheere waa cabsooday
Ree Cismaan waa cantoobo
Cawayoonta Soonfure iyo
Ciidan waan inteennan.

Halkaas ayaa waxaa ka qarxay dagaal rasmi ah oo muddo aan dheerayn socday. Dagaalkaan waxaa ka soo qayb galay beelihii Marreexaan ee dagaalyahanka Talxe uu ku sheegay in qaarna la waayay qaarna ay baqdeen. Dhibkii, dhimashadii, iyo dhaawicii waxaa lagu illaaway in degaankii la isku hayay uu si rasmi uga mid noqday degaan Marreexaan, halkii maalintaas la isla tagayna ilaa maanta labada beelood soohdin u tahay. Dhacdadaan ka dib, gobolku wuxuu galay xaalad nabadeed ilaa laga soo gaaray 1988-dii markaan oo Cawlyahan iyo Talxe ku daggaallammeen dhul daaqsimeed. Dagaalkaan ayaa saamayn xooggan ku yeeshay dadkii reerguuraaga ahaa ee ku abtirsanayay beelaha Marreexaan iyo Ogaadeen. Colaaddaan waxay yeelatay muuqaalkii colaadihii ka jiray gobolka horraantii qarnigaas, waqtigaas oo beelaha Marreexaan iyo Cawlyahan weerar iyo weerar celis isku hayeen. Haddii colaaddii hore ku dhammaatay imaanshihii Ugaas Xirsi middaan waxaa afjaray burburkii dalka ka dhacay oo keenay dagaal lagu illaaway midkii reerguuraaga u dhexeeyay.

SHAN

Alle ha u raxmadee Ugaas Xirsi wuxuu ahaa nin hoggaan suubban, maamul wacan, oo caddaalad badan. Wuxuu ahaa indheergarad, fiiro dheer oo arki og garta iyo gardarrada. Xasan Al-Basri ayaa laga sheegay inuu yiri—Raggu waa saddex: Nin dhan, mid nus ah, iyo mid eber ah. Kan buuxa waa mid garaad leh, dadkana la tashada. Midka nuska ah waa mid garaad leh laakiin keligii go'aan qaata. Midka eberka ah waa kan garaadna aan lahayn dadkana aan la tashan.

Sidaas ayuu u ahaa nin buuxa oo garanaya in dhammaystirka ragannimadu tahay talo wadaag iyo ismaqal. Wuxuu aqoon durugsan u lahaa dhaqanka Soomaalida, abtirka iyo sida beeluhu isu xigaan, iyo habka qaaraan-qaybsiga. Inta badan, xeerarka ilaa maanta looga dhaqmo gobolka Gedo waxaa dejintooda loo aaneeyaa isaga. Showrka uu la qaadan jiray odayaashiisu wuxuu ahaa mid labo waji lahaa. Midda danbe waxay dhacday waayadii danbe ee dalka gumeystuhu sida xooggan u milkiyay. Waqtigaan, sidaan gadaal ku arki doonno, Talyaaniga ayaa sameeyay odayaal matala beelaha Ugaaskuna guddoomiye u yahay. Odayaashaas iyo Ugaaska oo wada jira ayaa ka arrinsan jiray wixii dhaqan iyo dhiig la xariira ee beelaha ay matalaan dhex yaal. Middaan horteed ayuuse ugaasku dhaqan u lahaa la tashiga dadkiisa iyo qiimaynta aragtidooda. Ilaa iyo horraantii hoggaankiisa, wuxuu caan ku ahaa in uusan go'aan iska qaadan iyada oo aysan la ogayn odayaasha matala beeluhu. Sidii ugaas ku sharfanaana, soojeedintooda ayuu guddoomin jiray ee wareegto ma soo saari jirin.

Ugaas Xirsi wuxuu ahaa ruux yaqaan sida looga noolaa bay'ada uu ka talin jiray, xaaladaha kala duwan ee dadkeedu marayeen iyo hab-nololeedkii ay dadkaasu u badnaayeen. Dadku wuxuu ahaa reer miyi. Waxaa lagu noolaa dhul baaxad weyn oo qoloba meel ka degto. Waxaa la dhaqan jiray xoolo kala jaad ah oo noocba dhul gaar ah degsiimo u tammadiyo. Dadkaas kala duwan ee kala fog degaan ahaan maamuliddoodu ma ahayn mid sahlan. Mid walba in halkiisa looga war qabo ayuu u baahan yahay. Ka warqabid keliya kuma filnee in dhibkooda la daweeyo, tabashadooda la dhegaysto, mashaakilkoodana la xalliyo ayaa saaran hoggaankeeda. Ugaas Xirsi masuuliyaddaas ma moogayn mana dayacin. Wuxuu dadaal galiyay in uu qolo walba halkeeda ku gaaro, ku waraysto soona hubiyo xaalkooda iyo xaajooyinka u rahman ee isaga aan looga maarmayn.

Waqti raggaalka ayuu awr raran jiray. Wuxuu u kicitimi jiray degaannada ay dadkiisu degaan. Qolo walba halkeeda ayuu ugu tagi jiray. Waqtiga uu u doortay kormeerka ayaa ku tusaya mugga aqoonta uu u lahaa duruufaha dadkiisa, dalkiisa, iyo nolashii Soomaalida xoolo-dhaqata ahayd. Waqtiga jiilaalku waa mar la tabaalaysan yahay. Waxaa dhulka ku yaraada carshinka iyo cabbitaanka. Waxaa harjad loogu jiraa samatabixinta duunyada. Dhulal fog ayaa loo jileeyaa ishkinta. Ariga iyo halo karreeb ah keliya ayaa reeraha loo reebaa. Raggu inta badan ishkinta ayuu racaa ama korjoogtayn ugu noqnoqdaa. Sidaa darteed ma aha goor ku habboon martigalin iyo isla helidda dadka la rabo in loo madaxweyneeyo. Markii ay hillaacdo daruurta u horreysa sanada, qolo walba biligta ayay raacdaa. Waa la isu soo guuraa oo inta badan meelaha kooban ee roobku ka da'ay ayaa la isugu yimaaddaa. Laakiin waqtigaan waa mar lagu jiro sano waalliyaad. Dadku ma xasilloona oo doojinta duunyada ayaa lagu foogan yahay. Mashquul aawadii waxaa la illaawaa xataa colaadihii reeraha u dhexeeyay iyo dakanooyinkii la kala qabay. Iyadoon la is-ogayn ayaa la isdhexgalaa oo daaqa lagu kulmaa. Laaca mooyee wax kale oo u muuqdaa ma jiro.

Markii sanadu si fiican u da'do, dooggu isdhalo,

dhirtu magoosho, balliyadana xareeddu ceegaagto, ayaa lagu noqdaa dhulkii asalka degaanka loo ahaa. Markaan roobkii waa istaagay laakiin barwaaqadii uu dhigay ayaa la jaqayaa. Reeruhu geeddi ma qabaan, cunno yaraan ma jirto, geelashii waa soo noqdeen, barbaartii waa guryajoog maalintiina xoolaha la jira, habeenkiina gaafato golayaal madaddaalo oo saar iyo gaalayso dhawaqooda dhulku isqabsado ayay xirtaan. Odayaashu barqadii, markii ay xooluhu foof u dareeraan ka dib, ayay bun dubasho isugu yimaaddaan. Halkaas ayay xifaalo, facaad, sooyaal, iyo sugaan isu jalbeebiyaan. Goortaan ayaa la gocdaa wixii dhacay barbixii, naqraacii xigay, iyo xaajooyinkii rahmanaa. Ugaas Xirsi waqtigaas uu hubo in taladiisa loo baahan yahay, codkiisa la maqlayo, go'aankiisuna meel marayo, ayuu isku beegi jiray. Awrka jiscinku u saaran yahay inta hoggaanka qabsado ayuu u ambabixi jiray degellada kala qiblada ah ee raciyaddiisu ku firirsanayd.

Arladu waa nabad. Colaadihii Marreexaan kala dhexeeyay beelihii la jaarka ahaa intoodii badnayd waa soo afjarmeen. Haatan foofkoodu cid aan iyaga ahayn ma gaaro. Iyagu dhul kala xirasho iyo xoolo ka xoogid iskuma hayaan. Dhulka biyo iyo baad ku filan ayaa yaal. Colaad iyo dhibkeeda waaya-aragnimo ku filan ayay ka qabeen. Waa wixii soo qixiyay ee Ximan ka keenay. Ayaamihii hore ee Galtidu ay timid waxaa lagu heshiiyay in wax alla wixii maal iyo mood la iska tirsanayay ee ka dhacay dhulkii laga yimid halkaas lagu xiro. Bog cusub in loo furo dhulkaan jadiidka ah ayay isla garteen. Arrintaasina si wacan ayay u shaqaysay.

Mid midkii gacan fududaa ama se fowdo jeclaa, xeerar miciyo siiba ayaa loo saaray. Xeerarka la rumeysan yahay qayb ahaan in ay carbiyeeyeen Galtidii gacanta fududayd waxaa ka mid ahaa: Dharbaaxo-fagaare, Dubaano, iyo kab-ula-bixid. Qodobbadaan ayaa dhammaan ah kuwo lagu doonayay in aysan gobolka ka curan colaad faafta oo dabo dheeraata. Tusaale, waxaa la xeeriyay in qaalin afar jir ah oo geel ah laga qaado ninkii meel fagaare ah nin kale ku dharbaaxa, haddii kan la dharbaaxay uusan gacanqaad uga falcelin dharbaxaada ku dhacday. Dhiig kulaylka Soomaalida iyo gacan fudaydkoodu wuxuu keenayaa in ay aad u adkaato in ruux loo gacan qaaday uu gorros kaga jawaabo. Laakiin sidoo kale jacaylka geela iyo qiimaha ay leedahay qaalin afar jir ah ayaa iyaduna keenaysa in lama-qaataan loo dulqaato. Xeerkaas waxaa ka sii muhiimsanaa oo colaad badan baajiyay midka Dubaano.

Dubaano waa in dagaal ama xurguf dhex martay labo shakhsi uu ruux kale ama koox ay ka dhigaan mid qabiilka dhan khusaysa, sidaasna ay ku kiciyaan beeshooda iyagoo isticmaalaya ereyo dhiig leh sida: *tolbeelay, waa nala gumeeyay, reer hebel baa nagu diirraday*, iwm. Sidaa kuwa ku kaca ayaa abaalmarin looga dhigay 'maraado' oo ah in laga gowraco awrka uu ku guuro ama hasha u irmaan. Maadaama labadaani yihiin meelaha ugu daran ee laga asiibo qoys reer miyi ah, xeerku wuxuu keenay in isu hiilinta iyo kicinta colaaddu ay yaraato. Malahayga waa arrinta dhalisay dhiig la'aanta reer Gadoodka lagu caayo haatan!

Xeerka saddexdaad ee isna loo saaray in looga hortago colaad faafta ayaa ahaa in nin nin kabeeyo. Iskabayntu dhaqanka Soomaalida waxay ku eg tahay haweenka intaan ogahay. Laakiin, meel ay uga timid ma ogiye, waxaa i soo gaartay in Gedo ay ka jirtay kab la isu siibto. Hayeeshee nin kab lagu dhuftay waxay u dhigantay geeri hadduusan aarsanna fagaarayaasha ayuu ka caagi jiray. Si looga hortago in nin ku dhiirrado inuu kabeeyo nin kale ayuu Ugaasku soo saaray ganaax gaaraya qaalin geel ah. Xeerkaasi aad ayuu u hirgalay waxaase isbaddal lagu sameeyay waa danbe oo la xoolaystay oo bixinta qaalin geel ah aysan culeys badan ku ahayn cid edebdarro badan. Nin la oran jiray Afeey oo dadkiisu haddaba joogaan geel badanna lahaa ayaa meel fagaare ah nin ku kabeeyay. Isagoo doonaya in uu muujiyo in bixinta qaalin geel ah aysan waxbna la ahayn ayuu isla goobti ninkii ku siiyay labo qaalmood oo xaalmarin ah. Waqtigaas oo in badan ka danbaysay geeridii Ugaas Xirsi ayaa keentay in labo qaalmood la ganaaxo qofkii ku kaca fal danbiyeed noocaas ah.

Nabadda ayay laasimeen wax walbana ka hormariyeen. Haddii labo qof ama labo qoys isqoonto waa tolnimo diriri jireen. Dagaalkoodu legdin, is-ulayn iyo isxawdin ma dhaafo. In rubadda la isjaro iyo isticmaalka aaladaha unuunka gooya waa laga fogaan jiray. Waxay si dhab ah u fahmeen in walaalku nolosha faa'iido ku leeyahay. Degaanka Shawaay oo Koonfur-bari kaga beegan degmada Garbahaarrey waxaa ka dhacay dagaal u dhexeeyay labo beelood oo sannado socday. Dagaalkaan dadku waxay u yaqaannaan mid adkaa oo dabo dheeraaday. Wuxuu reebay mahadhooyin iyo magacyo meelo iyo ragba loo baxshay. Magacyo tusaya baqasho iyo geesinnimo. Meelaha qaar ayaa rag ku baqday loogu magacdaray iyadoo cararkii aan laga reebin. Saas oo ay tahay hal qof kuma dhiman dagaalkaas sannadaha socday.

Hub la'aan lama ahayne, dhimashada ayay isaga turi jireen. qof kama' ku dhintay mooyee ma jiri jirin mid dilkiisa loo qasdo waqtigaas. Tusaale, waxaa beer ku taal degaanka Tuulo-Barwaaqo oo 18 km dhinaca Waqooyi ka xigta degmada Garbahaarrey ku diriray beelaha Fiqi Yacquub iyo Reer Siyaad. Fiqi Yacquub waa beel ku caan ah geesinnimo, dagaalyahannimo, iyo deeqsinnimo. Waxay ka mid yihiin Reer Guriga. Waxay caan ku ahaayeen ku dagaallanka fallaaraha. Gammuun sun iyo mariid lagu habay oo naflihii uu ku dhaco gawraca aan lala soo gaarin ayay isticmaali jireen. Galtidu waxay sheekaysan jirtay haddii uu leebkaasu kugu dhaco waxaa looga kici karaa labo uun midkood. In markii uu ku dhacaba lagu kaadsho halkii leebku ku dhacay. Kaadidaas ayaa mariidka dilaysa ayay aaminsanaayeen. Haddii kaadi laga gaari waayo, kobta uu leebku ku dhacay iyo inta u dhowba in la isla gooyo si looga hortago in suntu jirka intiisa kale ay ku faafto ayaa xal loo arkayay. Reer Siyaad waxay ahaayeen Galti wacyigaas qabay.

Markii foodda la isdaray ee is-ulayn iyo legdintii malaha reer Siyaad u xoog bateen, ayay Fiqi Yacquub qaansooyinkoodi la soo baxeen. Ha yeeshee ujeedkoodu baqo galin ayuu ahaa ee inay raggooda laayaan ma aysan rabin. Afkii hore ee sunta xambaarsanaa ayay ka siibeen leebabka markaas ayay gammuun maran la dhaceen. Midkii reer Siyaad ah ee uu leebku ku dhacaba wuxuu u qaataa in suntii haleeshay. War igu kaadi iyo kaadi ila soo gaar ayaa isla yeertay! Rag badan ayaa cabaaday oo cashar laga qoray. Reer Siyaad baqay oo meeshii lagu kala carar. Arrintii in laga wada hadlo ayaa la isugu yimid. Waxaa geedkii la fadhiyay hadallo kulul, oo hanjabaad ay la socoto, ka yiri nin la oran jiray Cabdille-Gaaciye Faarax Aadan oo Reer Siyaad hoggaaminayay. Markii uu hadalkiisi dhammeeyay ayaa halkaas waxaa tix gaaban ka mariyay nin lagu magacaabi jiray Suurow Cilmi Xasan oo Fiqi yacquub, Reer Gadiid ah.

Suurow wuxuu tusaalaynayaa in uusan dagaal rabin, tol fiyow oo uu gacaltooyo u hayana Reer Siyaad yahay. Wuxuu tilmaamayaa in Reer Diini oo reer Siyaad ka mid yihiin ay ahaayen hoggaankii Marreexaan sidoo kalana ku matalayay maamulkii gumeystaha, sidaas darteedna mudnaayeen inay noqdaan kuwa nabadda horseeda. Wuxuu xusuusinayaa in beeshiisu tahay mid aan dagaal loogu tookhin ee ay yihiin raggii madaxooda dhulka lagu degay. Waxaa ka mid ahaa tixdii Suurow:

Ma gablame Cabdille Gaaciyow, gar an ku waydiiyo
Waa taad gobteenni ahayd gacaladeeniiye
Gaalada xaggeedana adaan kugu gabbaadaayay
Guryo badan raggii soo gubee Gedo kusoo gaartay
Ee gacanta dhiigaystay ee looba gali waayay
Adigaa go'aansaday inaad gabal ka qaaddaaye
Giddigiisba ree Naxar, markaas wada gariiraayay
Gammuun maran kuguma xooreen, haddaan geeridaa rabo'e
Walax noo guddoomiya bargaa la isu guuxaa'e.

Reer Siyaad waa ay garwaaqsadeen dacwadii Suurow. Waxayna sidaas ku go'aansadeen inay beertii la isku hayayay ka tanaasulaan. Dhulka sidaas u nabadda ah dadkuna colaad sidaas uga fogaanayeen ayuu Ugaasku ka talinayay waqtigiisi intiisi badnayd. Inta loo baahan karo inuu gar naqo inay yar tahay waa mid marqaati-ma-doonto ah. Saas oo ay tahay inuu hubiyo in aysan jirin dacwo aaran ayuu ku dadaali jiray. "Balaayo af la qabto ayay leedahaye dabo la qabto ma leh" ayuu aaminsanaa. Cabasho waqtigeedi aan la xallin cawaaqibta ay leedahay ayuu fahansanaa. Sidaas ayuu ka hortaggeeda kabaha ugu illan jiray raas walbana halka uu yaallo ugu tagi jiray.

Soo dhowayn iyo xaal waraysi ka dib, Ugaas Xirsi wuxuu weydiin jiray inay jirto wax xaajo ah oo rahman iyo mashaakil xal u baahan. Halkaas ayuu gar qaadid iyo kala saaridda inta is-haysata ka samayn jiray. Haddii la sheego xaajo lala sugayay wuxuu weydiin jiray: "Ma xaajo ugub baa mise waa mid horay u dhacday oo laga xaalay?" Haddii jawaabtu noqoto waa mid horay loo arkay wuxuu go'aamin jiray in wixii looga xaalay tii ka horreysay ee nooceeda ahayd iyadana la marsiiyo. Go'aankaas ayaa la meelmarin jiray oo lagu soo afjari jiray dhibkii taagnaa. Haddii xaajadu noqoto mid ugub ah, wuxuu u saari jiray toban oday oo degaankaas ah. Iyaga ayuu ku oran jiray arrintaan xal ka soo gaara. Go'aanka ay keenaan ayuu xukumi jiray ka dibna degaannada kale ku baahin jiray.

Qaabka uu u wajihi jiray xallinta qulqulatooyinka raaciyaddiisa ku yimaadda waxaad mooddaa mid lagu saleeyay sida ay u shaqeeyaan maxkamadaha dalalka reer Galbeedka. Gaar ahaan garsoorka Ingiriiska ayaa ku dhaqma hab aan waxba kaga geddisnayn kii Ugaas Xirsi, Alle ha u naxariistee, wax ku maamuli jiray. Ingiriisku ma leh xeerar qoran oo horay loo sii dejiyay. Qaalliga markii loo keeno dacwo wuxuu dhegaystaa labada dhinac. Haddii eedaysanaha lagu helo arrinta loo haysto, qaalligu wuxuu eegaa in arrin noocaan ah horay dalkaas uga dhacday. Haddii uu helo isla asagii ayuu ku xukumaa in la marsiiyo eedaysanaha. Haddii uusan jirin xeer hore, markaas ayuu mid isagu soo saaraa.

Kaas uu isagu markaas xukumay ayaa noqda sharci lagu dhaqo inta ka danbaysa ee kiis noocaas ah lagu helo. Shuruucda ciiddaas ka badan ee maanta Ingiriis u qoran qaabkaas ayay ku askunmeen ilaa maantana ku tasalsulaan.

Ficillada noocaan ah keliya ku tusi maayaan aragtida dheer iyo garashada uu la gooni noqday Ugaas Xirsi ee sidoo kale waxay tusayaan inuusan keligiitaliye keligiicune ah ahayn. Sida muuqata wuxuu qaddarin u hayay odayaasha iyo xeer-beegtida uu ugu tago degaan iyo dadka uu og yahay inay ka yaqaannaan ama uga xogogaalsan yihiin xaajada taagan. Iyaga ayuu fursad u siin jiray inay ka doodaan, dhiraandhiriyaan ka dibna xal dhaliyaan. Isagu shir guddoon inuu noqdo mooyee, dabcigiisu ma ahayn inuu xukun dusha ka keeno ama xaajo loo keenay si fudud ku yiraahdo: 'sidaas ha la yeelo'.

LIX

Xeerarka Ugaas Xirsi uu meelmarin jiray ma wada ahayn kuwo xaqa waafaqa ama xal waara keena. Mararka qaar xeer ciqaabeed uu ansixiyay ayaa abuuri jiray dhibaato aan horay u jirin taas oo dadka culays iyo colaad u horseedda. Xeerarka dhibka waqti dheer socday dhaliyay ee aad loo xusuusto waxaa ka mid ahaa xeerka *Xoolo-Oryo*. Xeerkaan wuxuu ku soo baxay sidii ay ku soo bixi jireen xeerarka Ugaasku. Waxaa soo saaray toban xeerbeegti ah oo uu magacaabay, isaguna wuu ansixiyay. Waxaa la sheegaa in soosaaridda xeerkaan ay xeelad ka danbaysay. Dadka ii wariyay sheekadaan waxay iigu warrameen in ragga loo saaray xal u helidda xaajadaan, oo ahaa kuwii mushkiladda loo saaray soo bandhigay, ay maleegeen khiddad xeer noocaan ah lagu soo saari karo.

Gabar ayaa waxaa ka dhintay nin aysan reerihiisu degaanka ka dhowayn. Xoolo badan iyo dhawr carruur ah ayuu kaga dhintay iyada oo reer abbaheed inan-la-yaal uu ku ahaa. Gabadhii hadda waa garoob xoolo leh. Reer aabbaheed inay guurdoon tahay ragna uusan daynayn u caddaatay. Hayeeshee reerkoodu wuxuu la rabaa nin xoolo leh ee iyada kuweeda aan u socon. Qolyo ka ag dhowaa oo aysan filayn in xoolo yarad iyo xurmo ah laga heli doono ayay uga baqayeen. Mar ay xuuraameen cidda ku gaaf wareegaysa waxay ogaadeen inuu yahay nin ka dhashay beeshii ay diiddanaayeen. Sidee looga hortagaa ayay isku soo qaadeen? Sida keliya ee haddii uu ninkaasu soo doonto xoolo looga heli karo waa in la soo saaraa xeer ciqaabeed xoolo looga qaado ayay isla garteen.

Iyada oo go'aankaas meel u yaal ayuu Ugaas Xirsi oo ratigiisi u raran yahay yimid. Sidii caadada u ahayd wuxuu weydiiyay wax xaajo ah oo xeer u baahan. Waxaa loo sheegay inay jirto xaajo ugub ah oo taagan. Waxay yiraahdeen, dhib badan ayaa jirta. Gabdho rag u doonnan ayaa la iskala baxaa oo cidla' laga qaataa. Waxaan rabnaa in aad xeer u dejiso wixii lagu ciqaabi lahaa. Sidii caadada ahayd tobankii oday ee reerkaas ugu cuslaa ayuu u saaray inay xeer ka soo saaraan. Waa rag horay meel go'aan ugu yaallo e, toban halaad in laga qaado ayay isku soo raaceen. Go'aankii ayay u keeneen isaguna waa ansixiyay. Sidaas ayaa xeer looga dhigay in ninkii guursada gabar nin u doonnan laga qaado toban halaad oo ganaax ah. Xoolaha magacaas lagu qaado waxaa loo baxshay *Xoolo-Oryo*. Xeerka cawaaqibta ka dhalan karta lama eegin. Dhibkiisa iyo dheeftiisa kan badan la isma weydiin. Gabar sida loo doono iyo nooca doonniin ee xeer ciqaabeedkan uu qaban karo lama xaddidin. Waqtiga gabar nin doonay lala sugi karo meel la islama dhigin. Intaas waxaa dheer xoolaha ciqaabta loo qaadayo waa kuwo aad u badan oo reerna xero madoobaysa midna khaanadda geellayda ku darta. Waa xoolo marnaba uusan nin keliya bixin karin oo qaaraan in lagu raadiyo u baahan. Waqti yar ka dibba, ninkii ay inanta uga cabsi qabeen ayaa gabadhii soo doontay isaga oo iyada la soo heshiiyay. Si ninka xoolo looga qaato, reerkii gabadhu ka dhalatay waxay ku doodeen inay gabadhu nin u doonnanayd. Sidaas ayaa ninkii loogu qasbay inuu baxsho toban halaad oo uu qaraan ku keenay maadaama uu waxyarow ahaa. Xeerkii meel walba ayuu gaaray oo la isla dhex maray. Wuxuu noqday xeelad lagu xoolo tabcado. Raggii geela dhiigga u daadin jiray ayaa lagu yiri gabar lagaa guursaday ayaad toban halaad ku heli kartaa.

Qoladii xeerka lagu ibofuray waxay goosteen inay geeloodi iyo mid lagu daray soo ceshadaan. Waxay bilaabeen in reer hadiyad yar inta loo geeyo lagu yiraahdo waxaan u nimid inaan inantiinna heblaayo ah idiin ku soo geed fariisanno. Waan soo tabaabulshaysanaynaa oo idiin imaan doonnaa markaan diyaar noqonno e, gashaantidu ha noo joogto—ayay reerka ku yiraahdaan. Intaas waxay ka dhigan tahay carbuun gabadha laga geeyay. Sidaas ayuusan ninna ku ag mari karin. Reerkii dib loogu ma laabto illeen awalba gabar looma socon e. Gabadhii markii ay sannad iyo wax la mid ah joogto dib danbana aysan cid u arag ayay la heshiisaa ninkii haasaawe ugu yimaadda oo ay u aragto inuu u cunnamo. Ninkii ayaa u soo geed fariista oo xoolo iyo xurmo ka keena. Qoladii carbuunta dhigatay warkii markii uu gaaro ayay dacwo ku soo oogaan ninkii gabadha guursaday sidaasna toban halaad looga qaadaa.

Xeerkaan iyo kuwo kalaba inay si fudud u fulaan waxaa sabab u ahaa gumeystihii Talyaaniga oo maamul xooggan ku lahaa Luuq. Xeerarka uu Ugaasku qalinka ku duugo waxaa laga diiwaan galin jiray maamulka Luuq oo Ugaaska aqoonsanaa. Maamulkaas ayaa dadka ku qasbi jiray in loo hoggaansamo go'aammada ka soo baxa Ugaaska. Haddii la jabiyo xeerka ama la diido in loo hoggaansamo, ciidan ka tirsan maamulkii gumeystaha, balse Soomaali ahaa, ayaa loo diri jiray inay soo xiraan cidda amardiiddada samaysay. Iyada oo cabsidaas maamulka laga qabo ayaa loo hoggaansamay xeerkii oo nin walba oo la baxay gabar nin u doonnanayd si fudud u soo dhiibay tobankii halaad.

Iyada oo arrin sidaas yahay ayaa gabar nin la baxay. Ka dib nin hadda ka hor carbuun ka geeyay ayaa inta rag tolkiis ah xakaystay reerihii gabadha guursaday geel kood ah oo meel daaqaya toban halaad oo addoola ah iyo tobankoodi ilmood usha hoosta ka soo galiyay. Waxay keeneen Luuq. Maamulkii ayay u sheegeen waxa geelu uu yahay iyo sababta ay u soo kaxaysteen. Waa la sharciyeeyay. In yar ka dib, waxaa ka dabo yimid qoladii geela laga soo qaaday. Dacwad ayay fureen. Waxay ku doodeen in xeerkii la jabiyay oo labaatan geel ah laga wado. Qoladii geela soo qaadday waxay ku doodeen nirguhu tiris ma leh. Gaalkii garta qaaday wuxuu ku qancay dooddii kuwii geela soo qaaday in nirgaha aan la tirin ayuuna go'aamiyay. Sidaas ayaa go'aan caddaaladdarro ah lagu fuliyay reero dhanna geelii sanadaas u dhalay xero kale loogu wareejiyay. Waxaa la sheegaa in sababta sidaas fudud kuwa geela soo kaxaystay loogu xukumay damacoodi ay ahayd ciidanka gumeystaha oo jifadooda rag badan kaga jireen. Galaangalkii jilibkoodu maamulka ku lahaa ayaa u sahlay in qalinka loogu duugo xoolo aysan xaq u lahayn.

Qoladii geela laga qaaday hari wayday waxayna furtay dacwad beesha dhexdeeda ah. Ugaaskii ayaa la gaarsiiyay sida uu xaal yahay iyo sida xeerkii loogu isticmaalay boob xoolo tabcasho ah. Dulmiga iyo gardarrada uu oodda ka qaaday ayaa loo tebiyay. Waa uu dhegaystay cabashadii u timid sidaas ayuuna ku amray in la laalo xeerkaas ugu danbayna meesha looga saaray.

TODDOBO

In amarrada Ugaas Xirsi ay fulaan sabab uma ahayn Ugaasnimadiisa iyo cududdii gumeystaha oo keliya. Waxaa, in aan labadaas ka yarayn haddiiba aysan ka xoog badnayn, qasbaysay in go'aammadiisa la qaato wixii ay dadku ka aamminsanaayeen Ugaaska. Waxaa loo arkayay inuu yahay ugaas karaamo leh, ducadiisa la aqbalo, jalleecadiisuna aysan soo noqon. Waxaa diiwaanka galay dad badan oo uu u duceeyay sidii ay rabeenna helay; kuwo dhibay oo uu habaaray lana helay; kuwo si aan habboonayn ula hadlay oo hal mar oo uu jalleecay aan ka soo laaban. Waxaa la aaminay in uu yahay wali Ilaahay oo u hoggaansankiisu xaq yahay. Fekerkaasu waa uu waaray oo ilaa jeer aad u dhow qabrigiisa ayaa la barakaysan jiray. Sheekooyin badan ayaa laga wariyaa oo la kala dhaxlay.

Qaar la hubose aan idiin wariyo.

Nin la oran jiray Axmed-Yeey oo xoolo badan lahaa ayaa qabay gabar la oran jiray Xaawo Cabdi Dhicis. Muddo ayay isqabeen Ilaahayna ubad ma kala siin. Isbitaal iyo farsamo kale oo lagu ogaado waxa cilladdu ay tahay ma jirin. Xaawo waxay aammintay in cilladdu ninka xaggiisa tahay. Waxay ka codsatay inuu iska furo si ay bal tijaabo kale u samayso. Laakiin wuu ka diiday. Waxay u dacwootay Ugaas Xirsi oo xaalku siduu yahay u sheegtay. Ugaasku wuxuu u yeeray Axmed. Wuxuu ku yiri waan kuu ducayne iska fur. Maya keliya ma uusan orane aflagaaddo ayuu ugu daray. Wuxuu ku yiri: "Yaa ku baray dhaqan xumada ah inaad ragga ku tiraahdo xaasaskiinna iska fura. Adigu kuwaada maad furtid?" Ugaaskii waa isku naxay. Waxaa ku soo dhacay hadal uusan filayn oo ka yimid nin uusan ka filayn. Uma uusan jawaabin. Balse wuxuu u yeeray Xaawo oo uu ku yiri adaan kuu ducayne raac Ilaahay ayaa faraj kuu furiye. Wuxuu raaciyay inuu Eebbe uga baryay afar wiil in uu siiyo. Xaawo ducadii Ugaaska ayay iimaansatay ninkeedii ayayna raacday. Hoyde oo habeenkii nabad ku seexde. Markii uu waagii u baryay ee la soo toosay Axmed waxaa u baryay waa baas. Wuxuu hubsaday in xalay baras ku soo guureeyay. Jirkiisi oo doorsoomay in yarna caadi ka tahay ayaa la arkay. Xaawo, oo u muuqatay in ay ka war haysay in barasku ka mid yahay cudurrada fasaqa banneeya, ayaa ka carartay. Sidaas ayaa iyadoo nabad ah looga furay. Ka dib waxaa guursaday nin la oran jiray Maxamuud Cabdille Khalaf oo Eebbe afartii wiil ka siiyay.

Waxaa taas ka sii cajiibsan middaan.

Nin la oran jiray Diiriye Axmed ayaa qabay gabar la oran jiray Nuuro Gari. Diiriye hal wiil oo uu ula baxay Muuse ayuu kaga dhintay Nuuro waxaana dumaalay walaalkii oo la oran jiray Xoday. Hunguri waa balaayee, Xoday waxaa ku soo dhacay in uu wiilka yar iska khaarajiyo oo Nuuro oo aan carruur kale haysan iyo xoolaheeda isagu isku yeesho. Maalin la foofay ayuu wiilkii meel hul ah geed ku yaal ku xiray. Afkuu ka xiray oo xarigguu ku adkeeyay si uusan u baxsan. Waqtigii uu imaan jiray markii la gaaray Nuuro wiilkeedi wayday. Waa beer wax dhalay e, markiiba walwal ayaa lagu soo tuuray. Kurbadii ayaa kadeed ku ridday oo fadhi u diidday. Duurka ayay isku geddisay oo dhawaaq iyo baadi goob gashay. Markii qorraxdii godka gashay welina aysan wiilkii hayn ayay istiri reerihii ku noqo oo ciidan kula gurmada soo weydiiso.

Waxay ka bilowday gurigii Ugaas Xirsi oo ay wada yaalleen. Waxay tiri Ugaasow wiilkii ayaa iga habaabay ciidan kalana ma lihi ee dadka ii bari oo ha la i raaco. Ugaaskii wuxuu yiri cid aan ku raacsho iima muuqatee, Ilaahay ayaan kuu weydiin inuu ciidan kuu baxshee orad oo wiilkii raadi. Nuuro hadalkii Ugaaska qalbi san ayay ku qaadatay iyada oo aan juu dhihin ayayna horay u tallaabsatay. In yar haddii ay reerkii ka sii maqnaydba waxaa gudcurkii kala hadlay dhurwaa. Dhurwaagu afkiisa ayuu ku hadlay laakiin iyadii ayaa loo furay inay fahanto waxa uu leeyahay. Wuxuu ku yiri i soo raac anaa wiilkaadi kuu geyne. Warintu waxay nagu soo gaartay in ay cabsatay markii hore. Ka dib waraabihii ayaa u dhaartay in uusan waxba u dhimi doonin oo wiilkeedi tusi doono. Waa ay aammintay oo ay dabo gashay. Sidii uu u sii waday ayuu dul geeyay wiilkii oo ku xiran tiir adeerkii ku gingimay maantadii hore. Halkii ayay xargaha ka furatay oo wiilkeedi oo illintu ka idlaatay gacanta soo qabsatay. Alle ha u raxmadee, Muuse dhowaan ayuu dhintay dad hadda nool ayuuna ka tagay.

SIDDEED

Ugaasku wuxuu ahaa qof lagu la hirto talooyinka cakiran, xaajooyinka murugsan, mashaakillada maanka daaliya, iyo musiibooyinka soo kordha. Adduun hawli kama dhammaato oo maalinba wax aan la soo dhigan ayaa yimaadda. Maalin walba waa sha'nigiisa, cawa walbana waa camalkeeda oo lama sii saadaalin karo waxa ay dhali doonaan ayaamaha isdhaafayaa. Arrin ugub oo dhaqanka iyo degaanka sinnaba aan looga filayn ayaa la soo sheegay. Dalka Talyaani ayaa xukuma. Ciidan Soomaali ah oo *baando* ku caan ah ayaa u shaqeeya. Dalka intiisa badan wuxuu aqbalay gumeysiga oo iska caabbintii waa ay dhammaatay. Ugu yaraan middii hubaysnayd meesha waa ay ka baxday. Magaalooyinka maamullo uu isagu ku shaqeysto ayaa ka jira. Cashuur ayaa lagu soo rogay guryaha, meheradaha, iyo xoolaha suuqa ganacsi loo keeno intaba. Reer Gedo dalka intiisa kale waa la qabeen gumeysiga Talyaaniga laakiin weli waxaan soo gaarin cashuurta dadka laga qaado. Cashuurtaan waxaa loo yaqaannay *Koodhi*. Si koodhiga loo qaado waa in tiro rasmi ah laga hayo dadka degaanka ku sugan iyo xoolaha ay haystaan.

Talyaanigu, inkastoo uu muddo badan haystay Gedo, iskuma dayin Koodhi. Markan waxaa socda dagaalkii labaad ee dunida kaas oo uu qayb ka ahaa Talyaanigu. Dhaqaale la'aan ayaa dhinac walba ka soo wajahday. Si uu u kabo khasaaraha dhaqaale ee dagaalku geystay wuxuu isku dayay in uu cashuuro dhammaan dhulkii uu ka talin jiray. Wuxuu isugu yeeray dhammaan odayadii Marreexaan oo uu Ugaas Xirsi ku jiro. Waqtigaan waxaa jiray odayaal u qoran oo mushaar qaata. Sarkaalkii Talyaaniga ahaa ee Luuq joogay wuxuu ku yiri odayaashii Marreexaan: soo tiriya geela beelihiinnu haystaan. Oday walba waxaan ka rabaa tiro rasmi oo koodhi laga qaado. Odayaashii waxay yiraahdeen waqti na sii aan talo isugu noqonnee. Tashi ka dib, waxaa u soo baxay inay diidaan. Nin la oran jiray Maxamuud Dhoorre oo Reer Ugaas Sharmaake ahaa ayaa loo xilsaaray gudbinta hadalka. Maxamuud wuxuu ku yiri sarkaalkii Talyaaniga ahaa: "Xusulkaada leef". Ma leefi karo ayuu ku jawaabay Sarkaalkii. Isku day ayuu ku celiyay Maxamuud. In aan jabiyo mooyee suuragal ma aha inaan leefo ayuu yiri Sarkaalkii. Haddaba geela Marreexaan tirintiisu waa sidaas ayuu yiri Maxamuud.

Tirinta xoolaha iyo carruurta Soomaalidu waxay u aragtaa arrin xun oo aan laga macaashin. Geela iyo wiilashu kuma sii jiraan. Cadadkooda oo la sheego in ay nuqsaan ka qaadaan baa la aamminsan yahay. Ilaa maanta haddii aad qof Soomaali ah ku tiraahdo maxaa carruur kuu jooga wuxuu si fudud kuu dhihi dad waa joogaaye Alle ha daayo. Jawaabtaas waxaa ka keenaya in uu ka maagayo sheegidda tiro cayiman. Si walba oo aad ugu celiso intaas oo wiil iyo intaas oo hablood baa jooga ku dhihi maayo. 'Rag waa joogaa' ama 'dad waa joogaa' keliya weeye warcelintoodu. Tirinta geelu waa sidoo kale. Rag qiimo badnaa oo deeqsinnimo lagu yaqaannay ayaa tiro ka carar sakadii Eebbe ku lahaa ku diiday. Waxaa jiray oday ka mid ahaa maalqabeenkii reer Gedo oo laga waayay inuu sako saxan bixiyo. Sidiisa kale, waxaa lagu bartay deeqsi xoolihiisa la wada maalo. Wuxuu ahaa nin hoo leh oo maalinta yabooha sheeggan, irmaaniya, looga, oo nooleeya masaakiinta iyo socotada. Laakiin sakadu waxay ku baxdaa in la yaqaan tirada geela laga sakaynayo. Mar walba oo loogu yimaaddo sako wuxuu yiraahdaa, "Intaad rabtaan sheegta waan bixine laakiin geelayga la tiran maayo". Sida ka muuqata bixinta ma diiddana ee tirinta ayuu ka maagayay.

Odayaasha uu Ugaasku ku jiro waxay ogaayeen dadka loo dirayo inay dadkaas yihiin oo marnaba aan laga akhrisan doonin. Go'aanka ay qaateen inkasta oo uu ahaa khatar loo bareerayay kuma aysan gefsanayn. Waxay badbaadiyeen mansabkoodi iyo muunadoodi. Amuurta caynkaan ah ugub ma ahayn inkastoo Gedo hadda uun ugu horreysay. Hore ayay ugaasyo ugu fashilmeen qaarna karaamadoodi ugu waayeen. Waxaa la xusi karaa Ugaas Xaashi Ugaas Faarax-Cadde oo ahaa Ugaaskii Guud ee Ogaadeen bilowgii qarnigii labaatanaad. Sida Ugaas Xirsi Talyaaniga u hoos joogay ayuu Ugaas Xaashi Xabashida ugu hoos jiray. Sidatan oo kale ayaa loogu yeeray. Waxaa loo sheegay inuu dadkiisa soo tiriyo si cashuur dhulkaas looga yaqaan *Gabaro* ama *Gibir* looga qaado. Gibirtu waa cashuur madax-ka-tiris dadka looga qaado oo xataa saqiirka la tiriyo. Ugaas Xaashi isagoon cidna ka talo galin tolkiisna aan la socodsiin waxa jira ayuu aqbalay amarkii Xabashida.

Keliya in la soo tiriyo iyo in la cashuuro ma uusan qaadan e, inuu isagu shaqada qabto ayuu ku daray. Rag ayuu samaystay farriinta qaada oo raas walba oo raciyaddiisa ka mid ah halkeeda ugu geeya. Inta aqbasha waa wanaag iyo xoolo bixin. Inta diiddana waxaa lagu soo hoggaamin ciidan Xabashi dhiigyacab ah oo harraad u qabay gumeynta Soomaalida iyo dhaca xoolahooda. Arrintaan waxay horseedday in laga tashado Ugaas Xaashi. Waxaa go'aan lagu qaatay in taajka boqortooyo laga xayuubiyo. Saddex qodob, oo waxa aan maanta *khiyaano qaran* u naqaan u dhiganta, ayaa lagu soo oogay. Kow, inuu talo wadaaggii ka tagay oo amarkutaaglayn iyo kelitalisnimo u xuubsiibtay. Labo, inuu heshiis aysan cidna la ogayn la galay gumeystihii gibilka madoobaa ee Itoobiya. Saddex, inuu aqbalay in tolkiis gibir laga qaado.[1]

Waqtigaa waxaa noolaa raggii Baha Magan ee gabayga iyo murtida looga haray. Toddabo gabyaa oo midba jifo ka soo jeeday ayaa loo saaray inuu mid walba gabay ka tiriyo geedka la isugu imaan doono. Waqtigaan gabaygu wuxuu ka dhignaa warqadaha maanta la qoro. Dacwo ama codsi rasmi ma noqdo ilaa warqad saxiixan uu ku soo baxo. Sidaas oo kale ayaa umuurta gabay lagu gudbiyaa ay u ahayd mid rasmi ah oo suul lagu saxiixay. Gabay walba wuxuu si dadban u tilmaamayaa in ugaaska kalsoonidii lagala noqday danbiyadaas uu galay awgood. Raggii halkaas ka gabyay waxay kala ahaayeen: Qamaan Bulxan Yuusuf, Saahid Qamaan Cali, Dubbad Hiirad, Gurraase Xaaji Cali, Cabdi Xirsi Muxummed, Faarax Nadiif Muxummed, iyo Aadan Budul. Lixda hore waxay wada ahaayeen Reer Cabdille, Reer Ugaas, reer Magan Ugaas (Baho Magan), halka ninka ugu danbeeyaa uu ka soo jeeday reer kale balse kuwaan ku qaaraan ahaa (gabayadii halkaas laga tiriyay iyo sheekada Ugaas Xaashi ugu noqo buugga *Qamaan Bulxan, Taariikh iyo Maansooyin* ee uu qoray Axmed Cabdi Haybe, (bogagga 100–115).

Gabayadii maalintaas la tiriyay waxaa ka mid ah mid uu tiriyay Saahid Qamaan Cali oo noqday gabay

---

[1] Axmed Cabdi Haybe (2017).

caanbaxay oo gaaray geesaha gayiga Soomaaliyeed. Waa gabay uu ku tilmaamay in wada noolaanshaha bulshada iyo u hoggaansanaanta madaxdu ku xiran yihiin in lagu dhaqmo sinnaan iyo isqaddarin—labadaasi haddii ay meesha ka baxaan in aysan jirin cid cid kale ka xoog roon ayuu bayaanshay Saahid. Gabaygaas oo dheeraa waxaa ka mid ahaa:

*Dubbadow nin maansood i yidhi wuu i moog
    yahaye*
...
Hadday muruqa geeduhu go'aan mileyga Jiilaalka
Mahwiga ceel haddii loo kacoo maalku ku arooro
Mataan waa ka qaybsada tolkii midho wadaagaaye
*Malgabyana haddaan layga siin maax la
    dhuranaayo*
*Inaan malab rag kale loo shushubi wax uga
    miideeyo*
Meeshana an taagnahay anoon muradna leefeynin
Oo maydhaxaan igu xidhneyn maylimada qaato
Oon waliba mood iyo salaan ula maleegnaado
Saddex magac Allee xaajadaa layma marinsiiyo
Sidii koran xiniinyaha la mudey uma mareeg qaato.

*Ninkii midho yar baa lagu dagaa yaan la ii
    muhannin*
*Hadday sado macaan tahay ninkii maamiyaa
    cuna'e*
*Nin mudmuday dharkayn hoosna maray
    mudhuxyey shaaleeye*

Miyir waxaad ku waydaan iswaal kuma mahiibtaane
Muslin kuma cabiidsamo wallaan madaxa kaa goyne
Muggii weel ma dhaafee Allow mooska yaan jabinin.

Masaw aabbahay iyo intaan Magan ka soo gaadhey
Rag waxaan ku maamuli aqaan ama ku maamuusi
Maso inaannu nahay oo tolnimo meerto noo tahaye
Aan weliba kaga miil caddahay miidhse diiddaniye
Masalaha ninkaan ii dhigayn midig ma saaraayo
Ninkii aniga iga maarmi kara uma muraad yeesho.

Inkastoo ay taladii ka xayuubiyeen, Ugaas Xaashi ma hoggaansamin. Wuuba ka daray oo wuxuu si buuxda ugu galay boqorkii Itoobiya. Halkaas ayuu ka bilaabay inuu reerihii ku kacay col ugaga soo hoggaamiyo ilaa dadkii dhib badan gaaray. Jeer ayuu Ugaas Xaashi soo aaday degelkii Baha Magan degi jireen si looga qaado cashuurta. Waqti jiilaal ah reerkuna xoolo yareeyay ayuu ahaa. Qamaan Bulxan halkaas gabay ayuu ka mariyay uu ku sheegayo in uusan bixin doonin Gibir, dagaal uu ka xigo dalkana isaga qixi doono hadduu xal kale waayo. Wuxuu yiri:

Aadkeeda diimiyo haddaan dirir u qaanshaysto
Dab haddaan u iibsado Amxaar dabaqle oo

foolxun
Dusha awrka mooyee haddaan dagista Faaf daayo
Durduriyo kob doox ah haddaan uga dabeyleeyo
Doolliyo Garla-gube haddaan daayo agahooda
Deegaanta hoortiyo haddaan dadab kasoo jeesto
Ma dabraniye Daarood haddaan Dir uga sii guuro
Doofaarradii Aadan-raan qabada daaqsiiyay
Dhulka meydku wali daadsan yahay xabashidii
    duushay
Diraac lama hayaamee haddaan doogga sii mariyo
Diimiyo Gabaro diidba waan nahay dasaaloowe
Oon dabada meeshaa dhigoo col iska doonyeeyo
Dadba yaa isoo qaban haddaan degaba Uu-uule
Aniga iyo nin diintii dafiray, doodamaan nahaye
Hadday baxaro delag siin karaan dacar ma
    layseene
Dunkiyo haddaan Magan Warfaa diir isugu oollin
Oy digasho tahay maalintey qolo yar diifowdo
Dugaaggaygu ha i cuno intey doogan ii noqon'e
Kolun bay sidoodaa darfiyi doobbi caano ehe
Oo deeqda Eebbe iyo la siin dararta xoolaad'e
Duulkaa Ilaah nacay haddii nala dareensiiyo
Sow labada daarood ninkaa dawna lama seejin.

Waayuhu ha kala duwanaadeen, dhulkuna ha kala fogaado e, arrinku waa isu ekaa. Farqiga u dhexeeyaa waa mowqifyada labada ugaas kala qaateen. Halka Ugaas Xaashi uu aqbalay bixinta cashuurta, Ugaas Xirsi waa diiday. Halka Ugaas Xaashi keligii go'aan qaatay, Ugaas Xirsi taladii wadaag ayuu ka dhigay.

Jawaabtii ay celiyeen gaalku waa ka madax-taagay. Ugaas Xirsi intaas kuma harin e, wuxuu u ergo tagay xafiisyadii kale ee Talyaaniga oo uu hadba mid garaacay si looga daayo amarkaan soo baxay, sida ka muuqata furfurashada geeraarka Guuleed ee hoos inoogu imaan doona. Hasayeeshee dadaalkiisi waa dhali waayay natiijadii uu rabay. Mar haddii ninkii xoogga badnaa ee dalka xukumay amarkiisi la diiday waxa xiga waa la saadaalin karay. Wuxuu amar ku baxshay Talyaanigu in lagu waaberiisto wixii Marreexaan ah ee carrada ka dhowaa xoolahoodana la soo xareeyo. Waase laga hor maray oo dadkii waxaa loo diray nin faras dheereeya wata. Waxaa la faray in uu reerka ugu sokeeya u digo, reer walbana kan ku xiga uu gaarsiiyo farriinta. Luuq ilaa Salagle ayaa habeenkiiba warkii gaaray. Waa la qaxay iyadoo baadi maqan iyo xoolo aan soo xaroon midna la sugin. Inta xeryaha ku jirta ha lala fogaado ayaa la go'aamiyay. Maadaama saldhigga Talyaanigu Luuq uu ahaa waxaa loo caymaday dhinaca Diirharo.

Ugaas Xirsi dadkiisi kama harin ee wuu la qaxay. Madaxyaweyntii iyo duubabkii oo dhan waxay isugu yimaaddeen Yaaqle oo dhinaca Koonfur-Galbeed ka xigta Garbahaarrey. Yaaqle waxay lahayd war weyn oo aan gurin. Qiyaastii 150 km ayaa Luuq laga soo fogaaday. Dhinaca Baardheere iyadana waa laga soo cararay. Dadkii qaar ayaa dhinacaas Xabashidu haysatay u dillaamay oo webiga Daawo tallaabay. Geed wartaas ku yiillay ayaa lagu shiray. Waxay ahayd maalin walaahow iyo wareer lagu jiray. Duullaan ka dabo yimaadda waa laga cabsi qabay. Hore in badan looma sii socon karo oo xudduudda Ingiriis oo aan la gudbi karin baa dhow. Haddii uusan duullaan ka dabo imaan, dhulkii la degi jiray ma sidaan ayaa looga guuri? Haddii Talyaani ciidan soo bixiyo maxaa la samayn? Dab miyaa la qaadan mise waa la isdhiibi? Talo iyo go'aan qaadasho ayaa la rabaa. Geedka waxaa joogay duubabkii ugu caansanaa ee Gedo, culimadoodi iyo maansayahankoodi. Waxaa goobjoog ahaa Axmed Aadan, Xasan Dabac, iyo Guuleed Jucfe. Ugaas Xirsi oo horay ka soo jeeda ayaa xaggiisa la eegayaa.

Guuleed Jucfe Samatar oo ahaa gabyaa sayncadde ah kana soo jeeday beesha Reer Siyaad ayaa halkaas geeraar warbixin ah ka jeediyay. Geeraarka wuxuu ku tibaaxay sida dadkii u soo wada qaxay oo meel keliya loogu soo uruuray iyada oo laga baxsanayo boobka uu Talyaanigu soo wado. Guuleed shakhsiyaad ayuu magacdhabay uu ku ogaa degaanno kala duwan oo kala daaqsin ahaa taas oo uu ku cabbirayay sida hal meel loogu soo uruuray. Waxaa ka mid ahaa geerarka:

Haddaad gaalada aadday
Ilaah baannu baryaynoo
Qur'aan baan akhrinaynoo
Eelahaan gambinaynay
Axmed Daad Madaxeey iyo
Ayaanloo ka yaraa iyo

Goodba waad aragtaa
Oo waa kan Guure Ileey
Nirgihaas ololaayo
Waa ileey Facayoo
Adablaan ku ogaa
Nimankii udugaa
Ari qooqis ahaa
Gubbo ood kama goynoo
Aadan Geeddi waa kaa
Intaas oo odayaal ah
Ammuurtii isu keentay
Waa eel aan fududayn
Ugaasow waxaad oran lahayd
Ha kaa soo if baxeen

Warbixintaas ka dib, xaajadii ayaa la gorfeeyay waxaana la isku raacay in dagaal laga xigo cashuur bixin. Markii taladii la isku raacay baa Guuleed lagu yiri ducee adaa gabyaa ah e. Soomaalidu waxay aaminsan tahay in gabyaagu af-ku-leeble yahay. Waxaa ay arki jireen iyada oo habaarkooda iyo ducadooda la aqbalo. Meeshaas ayuu Guuleed ka tiriyay geeraar qiimo badan. Habka geeraarka uu u ratibay waa mid ku fadhiya sidii Suubbanuhu NNKH na yiri u Alle barya. Wuxuu ku af furtay mahadnaq, wuxuu ku daray dhaliishooda, wuxuu ku xejiyay inuu ku tawasulo wixii uu islahaa Eebbe ayaa dheeraad kuu siiyay, wuxuu ku xejiyay dhibka jiraa waxa uu yahay, waxa uuna ku khatimay sida uu ka rabo in la yeelo cidda uu dacwada ka yahay.

Waxa uu yiri Guuleed:

Maalintii dad la uumayoo
Nebi Aadan dushiisa
Loo ekaaday quraanyo
Ilaahii asmaceenna
Ashahaado ka yeelay
Abaal baan la gudayne
Asxaan waan ka qabnaa
Ayaantii ka dambaysayoo
Ay Qorayshtu irdhowdayoo
Odayaasha la laayayoo
Dulqaffaar la afaystay
Ilaahii Nuurre ugdoone
Umaddii naga yeelay
Abaal baan la gudayne
Asxaan waan ka qabnaa

Ilaahii afar naasiyo
Ibyar oo ka daloosha
Abeer nooga caddeeyayoo
Amarkiisa ku yeelay
Abaal baan la gudayne
Asxaan waan ka qabnaa

Ilaahii sawjad islaamahoo
Aadmi nooga sokaynin
Aqid noogu xarriiqayoo
Dabadeed ilmihii iyo
Ubadkii naga siiyey

Abaal baan la gudayne
Asxaan waan ka qabnaa

Ilaahii axad roori
Ka abuuray candhuufoo
Dabadeed indhihii iyo
Afka noo kala qaadayoo
Addin xoogle na siiyey
Abaal baan la gudayne
Asxaan waan ka qabnaa

Ilaahii ajasheenna
Indhaheenna ka duugayee
Aleen koora u yeelin
Iimaan nooma sugmeene
Abaal baan la gudayne
Asxaan waan ka qabnaa

Gabayse waa af-ku-leeble
Wadaad waa akhriskiisa
Gobi waa ta ergeysa
Ilaahii cirka uumayoo
Dhulka hoos ka aslaaxshayow
Ilaahaan amarkiisa
Aadmi diidi karaynoow
Ilaahow nin uraayoo
Nebi Aadan ka leexdaan
Arrinkii isu keennay
Ilaahow Ingiriisiyo

Amxaartii Shawa joogtiyo
Suldaan-Ruun ka adeejiyoo
Udubkiisa la siibo
Rag armaatiga qaatow
Naxariis il ha saarin
Eydii baando ahaydiyo
Guglahow ka idlaada
Iqiidka iyo bandaaskow
Ibleys haydin dhammeeyo
Afnaqa iyo bowgow
Asmo beerka ku goysay
Siinka meel walba aadow
Idil haw dhaqdhaqaaqin
Baabuurkay ordiyaanow
Omos meel ah la jiifso
Markabkii badda aadow
Irjic meel isu taag
Dadkuse waa kala oode
Ninka geela af-saartayoow
Ayaantan aynu joogno
Ayaanteeda kaleeto
Amarkaagu ma gaaro oo
Asma beerka ku goysay.

Horaa loo yiri "Geesi Ilaah ma xiro". Go'aankii halkaas lagu gaaray wuxuu horseeday gobannimo. Wuxuu dhaliyay in laga dhowrsado bixinta cashuurta lagu gumeynayay Soomaalida. Ilaa maanta reer Gedoodku waxay ku andacoodaan inaan la gumeysan. Waayo, ayay yiraahdaan, dad xoog lagu haysto oo weli rafanayay ayaan ahayn ee isma aannan dhiibin ilaa wixii la doono nalagu sameeyo. Laakiin taasu waa sheegasho aan meelna haysan! Dhacdadaas murugta iyo fajaca lahayd Eebbe Ugaas Xirsi waa ku asturay waxa uuna waafajiyay inuu tolkiis wanaag ugu yeero.

SAGAAL

Wanaaggaas badan, karaamooyinkaas loo wada joogay, iyo maamulkaas loo riyaaqay dadku ma wada liqin. Waxaa jiray qaar diiday ugaasnimadiisa oo aanba aqoonsan weligiis. Waxaa jiray qaar badan oo caddaaladdarro, qabyaalad, iyo eex ku eedeeyay. Waxaa jiray rag ay biyo hoostood iska arkeen. Dadka ugu badan ee diiday waxay ahaayeen kuwii dad u xigay ama hayb ay wadaageen. Si aan u fahanno maxalka khilaafka, waxa la isu fahmi la'aa iyo dhinaca gabayada inoo imaan doono u dhacayaan waa inaan dib u noqonnaa. Aan gadaal ugu guurno dariiqii lagu yimid Gedo. Aan gaarno dhulkii loo aqoon jiray Ximan maantana lagu garan og yahay Galmudug. Aan ku nasanno inta u dhexaysa ceelka Dhuusamarreeb iyo Cadaado oo ah halka Ugaas Diini Ugaas Faarax ku aasan yahay ilaa maantana qabrigiisa lagu siyaarto. Aan ka soo bilowno waagii ilmo Ugaas Diini ay walaalo siman oo aabbahood la joogo ahaayeen.

Sharmaake iyo Siyaad waxay ka mid ahaayeen wiilashii badnaa ee uu Ugaas Diini dhalay. Haddii ilmo Diini kala bah ahaayeen, labadaan iyo Warsame waxay ahaayeen isku bah ay dhashay islaan la oran Maryan Xaaji Xagaleey oo u dhalatay beesha Xawaadle. Bahdaan, oo lagu garan og yahay Bah-Xawaadle, ayaa ahayd curad. Sharmaake ayuu Ugaas Diini ku curtay Siyaad ayaana ku xigay. Sida xeerarka boqortooyooyinka adduunku isku raacsan yihiin, wiilka curadka ah ayaa dhaxalka taajka leh. Dhimashada aabbihii ayuu sugaa. In yar ka dib, markii godka lagu hubsado aabbaha ayaa lagu caano shubaa oo boqornimadiisu bilaabataa. Sida taas dhaqan ahaan la isugu raacsan yahay ayaa iyana looga sinnaa jiridda damaca qaar wiilasha ka mid ah oo isku daya in ay curadka caynwareejiyaan iyagana sidaas boqortooyadu ugu soo wareegto.

Waxaa la soo wariyay in ilmo Diini qaarkood damacaas ay qabeen. In Sharmaake oo curadka ahaa dhaxalka boqortooyo la waydaariyo ayaa qaarkood ku soo dhacday. Iskudaygii ma guulaysan. In uu fashilmo Siyaad ayaa sabab u ahaa oo difaacay wiilka uu la bahda ahaa oo goortii aabbe la aasayay meel fog jiray. Waxaa la sheegay in uu Siyaad difaacidda Sharmaake shafkiisa u dhigay warmo talantaalli loogu soo ganay. Siddeed waran inay ku dhaceen ayaa la kala wariyay. Sidaas ayuu

Sharmaake ku noqday ugaaskii guud ee beesha Marreexaan, boqortooyadii soo taxnaydna jidkii aan looga leexin. Dadkii ka farcamay Siyaad waxay noqdeen beel la yiraahdo Reer Siyaad. Beeshaan ayaa qabtay in aabbahood sabab u ahaa ugaasnimada ay dhashii Ugaas Sharmaake majaraha Marreexaan ku hanteen. Sidaa darteed mar walba oo ay wax ka tabtaan Reer Ugaas Sharmaake, waxay gocanayeen abaalkii Siyaad walaalkii u galay oo ay rabeen in lagu ixtiraamo waxna loogu hambeeyo. Waxaa sidoo kale u muuqday in markii uu Siyaad taajka la jeclaaday Sharmaake ay u sinnaayeen dhaxalka kursigaas oo uu isaguba iscaleemo saari karay.

Markii Marreexaan Gedo u soo guuray, reer Diini waxaa Gedo ka yimid Bah-Xawaadle oo reer Warsame ka maqan yahay. Dhul cusub oo aysan awooddii hore ku lahayn ayay yimaaddeen. Waa marti cayr ah oo qax ku timid. Isma dhaamaan oo waxba sooma kala horreyn. Madaxnimadii laga yimid oo ugaaskii beesha weli carradii ayuu ku danbeeyaa halka la yimidna cid taaj ugaasnimo saaratay ma jirto. Qolo walba sidii ay ku degaamoobi lahayd ayay ku dadaashay. Waxaa joogay odayaal Reer Ugaas Sharmaake ah oo ragannimo badnaa. Waxaa ka mid ahaa Diiriye Shakuul oo si degdeg ah dadka isku baray. Wuxuu lahaa damac siyaasadeed iyo mid boqornimo. Diiriye oo muujiyay karti, firfircooni, iyo tayo hoggaamin, wuxuu xiriir la yeeshay gumeystihii Ingriiska ee Gedo joogay bilowgii qarnigii labaatanaad.

Goor halkaas ammuurtu botolinayso ayaa waxaa yimid Ugaas Xirsi oo wiil yar ah oo iska socda. Taaj ma saarna, sidii aabbihii loo dilayna ma jirto cid loo caleemo saaray booskii ugaasnimada. Gedo ilaa jeerkii la yimid ma jirin cid ugaasnimo sheegatay oo la aqoonsaday. Odayaal, hoggaamiyayaal, iyo rag hayay shaqadii ugaasku waa jireen. Laakiin waxaa qaddarin gooni ah loo hayay maqaamka Ugaaska. Dadku wuxuu ahaa mid ka ajooda jabinta dhaqanka iyo xeerkii saldanadu ku socotay. Sidaas aawadeed ayaysan beelihii waayada hore Gedo yimid u sheegan ugaasnimo.

Reer Siyaad waxa ay la boodeen Xirsi Ugaas Maxammed. Waxay u hawlgaleen sidii ay ku boqri lahaayeen. Kaarshe Cilmi, oo galangal fiican ku lahaa maamulkii Ingiriiska dhinacna ay qaraabo ka ahaayeen Ugaas Xirsi, ayaa la wareegay. Kaarshe waxaa reer abti u ahaa beesha Isaaq. Askartii Soomaaliyeed ee Ingiriiska la socotayna waxay u badnaayeen Isaaq uu ka keenay Soomaalilaan. Askartaas ayuu Kaarshe qaar hooyadii ku hayb ah ka helay. Taas waxay u fududaysay in uu meel marsan karo wixii ka gala maamulkii Ingiriiska. Kaarshe iyo raggiisi waxay u sheegeen in Xirsi yahay mulkiilaha Taajka Marreexaan cid kale oo ku qabsan kartana aysan jirin. Sababta Ingiriis aqoonsi looga doonay waxay ahayd in Diiriye Shakuul oo booska doonayay uu Ingiriiska la shaqayn jiray. Waxaa jirtay cabsi ah in Ingiriisku aqoonsado Diiriye ka dibna awood isticmaalo oo dadka lagu laayo raaca Diiriye. Waxay

Diiriye ku tilmaameen nin doonaya in uu boob ku qaato mansab uusan lahayn. Waxay ku qanciyeen in sida boqortooyada Ingiriisku dhaxaltooyo u tahay, ay tan Marreexaanna u tahay dhaxal qoys keli ahi leeyahay.

Sarkaalkii ay dacwada u gudbiyeen oo markaas xaruntiisu ahayd Garbahaarrey waxa uu qoray waraaq. Wuxuu yiri warqaddaan geeya xafiiska Sarinley oo kan Garbahaarrey ka sarreeyay. Markii ay Sarinley tageen, sarkaalkii ay la kulmeen wuxuu ku yiri xafiiskaygu arrintaan go'aan kama gaari karo. Inta mid kale ku lifaaqay ayuu yiri geeya xafiiska Kismaayo oo ah kan ugu sarreeyay Jubbalaan. Halkii ayay kala lugeeyeen waraaqihii ilaa ay Kismaayo gaareen. Ragga warqadda qaaday waxaa hoggaaminayay Sugulle Xirsi Godgod. Gaajo iyo harraad badan ayay kala kulmeen safarkii ay Kismaayo ugu socdeen. Socdaalkii ayay u martiyeen reer Goleed aan xoolo lahayn oo digaag ku marti sooray. In ay digaag cuneen ugama duwanayn inay baqti hiigeen sida aan ka fahmayno gabaygii tabashada ahaa ee Sugulle tiriyay sannado dhawr ah ka dib socdaalkaa, kaas oo aan hoos ugu tagi doonno.

Reer Siyaad ujeedkii ay intaas oo dadaal ah u galiyeen boqridda Ugaas Xirsi wajiyo badan ayay yeelan kartaa. Waxaa dhici karta inay doonayeen inay iska riixaan awoodda xoogaysatay ee Diiriye Shakuul oo dhinac jifo xooggan ka dhashay, dhinac gumeystihii dhabarka saaray, dhinacna dhulka horay u sii joogay oo sinaba illin laga soo galo aan looga heli karin. Keenidda Ugaas Xirsi in ay siin doonto fursad ay awoodda ugaasnimo ee Diini wax kaga heli karaan inay u muuqatay ayaa laga yaabaa. Waayo nin iska socda oo aad u suuragalisay in uu carrada hoggaamiye ka noqdo abaalgud iyo dhega-nugayl ayaa laga fishaa. Waxaa kale oo suuragal ah inay daacad ka ahayd. In ay islahaayeen ilaaliya xeerkii dhaxaltooyo ee saldanada Reer Faarax Ugaas waariddeeda sababta u ahayd. Taajka oo boob lagu qaato ama nin aan dhaxal ku helin isu magacaabo inay furi doonto colaad dheeraata in ay u muuqatay ayaa dhici karta. Waxay maagganaayeenba waa u suuragashay in Ugaas Xirsi loo aqoonsado Ugaaska dhabta ah ee Marreexaan. Xafiisyadii gumeystaha oo dhan ayaa laga diiwaangaliyay, dadkii degaankuna niyadsan iyo dhaaco ayay ku qaabileen.

Wax yar ka dib caleemasaarkii Ugaas Xirsi, Jubbalaan waxaa Ingiriiska kala wareegay Talyaani oo awal Koonfurta Soomaaliya inteeda kale haystay. Talyaanigu aad ayuu uga duwanaa Ingiriiska markii laga eego xagga la dhaqanka shucuubta. Kala duwanaanshaha labada gumeyste wuxuu ku salaysnaa ujeeddooyinkii ay ka lahaayeen Soomaaliya. Ingiriisku marnaba Soomaalida inuu gumeysto uma xuub siiban. Koonfur oo ah Jubbalaan iyo NFD iyo Waqooyiga oo ah Soomaalilaan iyo Soomaali-Galbeed labadaba wuxuu ku magacaabay maxmiyad ee gumeysi uguma yeerin. Maxmiyadda macnaheedu waa ilaalin. Ilaalinta waxaa loola jeedaa in Ingiriisku Soomaalida maxmiyaddiisa ku hoos jirta uu ka ilaaliyo duullaan meel kale kaga yimaadda, arrimahooda gudahase uusan daakhilin. Sidaa darteed maxmiyaddu waa ay ka lur yar tahay mustacmaradda. Dadka ku hoos nool maxmiyaddu waxay ilaa xad xor u yihiin horumarinta dhaqaalahooda, bulshadooda, iyo ka fakerka aayahooda. Waxbarasho, shaqo, iyo xisbiyo siyaasadeed ayaa loo oggolaa haddii ay iyagu doonaan inay samaystaan.

Dhinaca kale, Talyaanigu wuxuu ahaa mustacmarad baraxla'. Soomaaliya wuxuu u yimid gumeysi rasmi ah. Mustacmaraddu dadka ku hoos nool waxay ka gumeysaa dhinac walba oo nolosha ah. Waa curyaamin buuxda oo dadkaas ka dhigta mid had iyo goor u adeega kan addoonsanaya. Wax tallaabo ah oo indhihiisa fura ayaa laga la diriraa. Waxbarasho iyo shaqo toona looma oggola aan ka ahayn xirfadda aan looga maarmayn shaqada uu u hayo kan gumeysanaya. Kuwa beeraha lagu qoto waxaa la baraa qalabka uu beeraha ku qodo iyo xirfad u sahasha in uu wax badan soo saaro. Kan ciidanka u ah ee dadkiisa u gumeeya waxaa la baraa taaktikada iyo farsamada ciidan ee suuragalin karta in uu dadkiisa cabiidiyo.

Taasi kama dhigna in Ingiriisku uga roonaa Soomaalida Talyaaniga. Xaqiiqdii waxaa la dhihi karaa labadooda waxaa u darraa oo saameyn taban oo waartay ka tagay Ingiriiska sida uu qoray Cabdulqaadir Oromo. Maadaama Talyaaniga ujeedkiisu ahaa gumeysi wuxuu rabay inuu gumeysto Soomaali mid ah oo uu khayraadkeeda daldasho; halka Ingiriisku Soomaaliya dantii uu ka lahaa ay ahayd keliya inuu xoolaha tirada badan ee Soomaalida uga helo ciidankiisi Cadan joogay hilbo ku filan iyo in uu dalweynaha Soomaaliya u isticmaalo kaar siyaasadeed oo hadba dalkii ay dani ka gasho qayb dhulka Soomaalida ka mid ah uu ugu baddasho dantiisa u gaarka ah. Aan tusaalayno qodobka danbe.

14/07/1884 ayuu Ingiriisku heshiis maxmiyad kula saxiixday magaalada Berbera odayaal Soomaaliyeed. Heshiisku wuxuu daboolayay dhulka Soomaali-Galbeed iyo Soomaalilaan oo waqtigaas Soomaalilaan la isku oran jiray. Gundhigga heshiisku wuxuu ahaa in Ingiriisku dhulkaas ka ilaaliyo waddammadii ku soo qamaamayay qaybsiga Soomaalida oo ay ugu horreeyeen Faransiiska, oo markaas wax yar uun ka hor Jabbuuti qabsaday, iyo Xabashida oo Harar faramarooqsatay. Saddex gu' oo keliya ka dib Ingiriisku heshiiskii waa jabiyay isaga oo aan cidna ogeysiin, wuxuuna dhulka Soomaali-Galbeed u hibeeyay Xabashida. Rennel Rodd, oo wakiil ka ahaa boqortooyada Ingiriiska, ayaa loo soo diray Itoobiya hilaaddii

1897-kii. Hawsha Rennel hortaallay waxay ahayd in uu boqor Menelik ku qanciyo in uu Ingiriiska ka caawiyo dagaalkii ba'naa ee Suudaan kaga socday. Wadahadalkii wuxuu ku dhammaaday in Ingiriisku dhulka Soomaali-Galbeed ku baddasho helidda caawimaadda Xabashida. 14/05/1897-kii ayaa Rennel iyo Ras Makonnen oo ahaa barasaabkii Harar u joogay Xabishada ku galeen cahdi labo geesood ah oo loo baxshay *Anglo-Ethiopia Treaty* iyada oo aan Soomaalidii waxba lagala socodsiin. In labo wakiil oo weliba heer hoose ah ay wada galeen heshiiskii dhulka baaxaddaas leh lagu meersaday ku tusi mayso keliya khiyaanadii Ingiriis inaga galay ee sidaa oo kale wuxuu muujinayaa quursiga lagu hayay Soomaalida iyo sida hoos loogu eegayay.

Markii uu Rennel ku laabtay dalkiisa wuxuu la kulmay Lord Salisbury oo ahaa xoghayihii arrimaha debadda ee Ingiriiska. Rennel wuxuu iftiinshay in bixinta dhulka Soomaalida uu xadgudub ku yahay cahdigii *Anglo-Somali Treaty* ee dhacay 1894-kii. Mudane Salisbury warcelintiisi waxay ahayd: "Dhul Afrika ku yaal qiimo ma lahee, ma ku soo guulaysatay in Menelik dagaalka nagu garab siiyo?". Dabcan isaga qiimo uma lahan oo waa dhul uusan abkiis iyo abtigiis toona lahayn. Oo qiimo intaas ka badan miyuu ugu fadhin lahaa dhul dhawr sano uun ka hor uu yimid isaga oo gacmo laalaada?

Tusaale labaad waxaa inoo ah wareejintii Jubbalaan. 15/07/1924-kii waxay labada gumeyste kala saxiixdeen heshiis Ingiriisku ugu hibaynayo

Jubbalaan Talyaaniga. Hibayntaasi waxay ahayd abaalmarin Talyaanigu ku mutaystay garab istaaggii uu u muujiyay xulufadii Ingiriisku ka mid ahaa ee ku jirtay dagaalkii koowaad ee dunida. Markii uu qarxay dagaalku xagaagii 1914-kii, Talyaanigu wuxuu ku jiray heshiis saddex-geesood ahaa oo isaga, Jarmalka, Hangari iyo Ostariya oo hal isku ah ay galeen 1882-kii. Saddexda danbe iyo Yurubtii Galbeed oo Maraykanku weheliyo ayuu u dhexeeyay dagaalkii qarxay 1914-kii. Talyaanigu, dabiiciyan, waxay ahayd inuu ku biiro safkii uu heshiis iscaawin ah horay ula galay mase uusan yeelin. Wuxuu sheegay inuu dhexdhexaad ka noqon doono dagaalka. Hasayeeshee tashkiilin iyo ballanqaadyo Ingiriiska uga yimid ayuu ugu danbayn ku go'aan qaatay inuu ku biiro dhinicii isbahaysiga dhexe sidaas ayuuna 23-kii May 1915-kii dagaal ugu ekeeyay deriskiisi Hangari iyo Ostariya oo markaas aan weli labo dal kala noqon. Guushii waxay raacday dhinicii Ingiriiska ee Talyaanigu ku biiray. Inkastoo ballanqaadkii Ingiriisku u sameeyay Talyaaniga uusan ku jirin siinta Jubbalaan, waxay ka mid noqotay abaalmarintii uu helay. L. N. King, oo ahaa juqraafiyahan iyo madixii kooxdii loo saaray inay Talyaaniga u xadeeyaan dhulka laga siiyay arladii Soomaaliyeed ee Ingiriisku gardarrada ku haystay, ayaa qoray sidatan: "Heshiiskii Landhan hilaaddii 1915-kii wuxuu ku bishaareeyay in Talyaanigu dagaalkii weynaa garabkeenna ku noqday waxayna ahayd natiijo dabiici ah in isbahaysigaanu qaybsado miraha guusha". Miraha la qaybsanayo waa dhulka Soomaaliyeed ee dadkii lahaa aysan waxba kala socon heshiisyada la galay iyo wax ka socday agahooda toona. Sidaas ayaa 26-kii Juun 1925-kii si rasmi ah ula wareegay Talyaanigu gobolka Jubbalaan magiciina ugu baddalay Alta-Jubba.

Markiiba Talyaanigu wuxuu isku dayay inuu diiwaangaliyo odayaasha qabaa'illada Gedo deggan. Waqtigaan ka hor ma jirin odayaal horjooge u ah beelo oo dawlad u diiwaangashan. Waxaa jiray Ugaas guud iyo wadaad qaalli loo yaqaan oo beesha sheekh u ah. Odayaasha kale xurmo iyo matalaad ayay lahaayeen. Markii hawli soo kororto dad shira oo danaha ka dhexeeya xeerar u gaar ah ku dhammaysta ayay ahaayeen. Shaqadaan ay hayaan cidna mushahar kuma siin jirin xoolo-goynna kuma aysan qabin. Wuxuu amray Talyaanigu in jifo walba oo mag buuxda iska bixin karta loo sameeyo oday matala. Odaygaas waa in laga diiwaangaliyaa xafiiska Talyaanigu ku leeyahay magaalada ugu dhow. Waxaa loo baxshay Kaabbo-qabiillo (hal oday waa kaabba-qabiil). Wixii looga baahdo beeshaas isagaa loo mari, wixii iyaga ka maqnaadana isagaa u raadin. Odayaashu waxay noqonayaan mushahari ku hoos nool Talyaaniga oo manfac ka suga amarkiisana ku shaqeeya.

Wuxuu ahaa qorshe loo dejiyay inuu fududeeyo gumeysiga beelaha Soomaaliyeed ee reer miyiga ah. Helidda odayaal u daacad ah gumeystaha haddana hal meel ku urursan waxay sahlaysay in la maamulo

Soomaalidii reerguuraaga ahayd ee uusan ciidan cago ku gaarayn. Qodobka labaad ee ah beeshii mag buuxda iska bixin karta, waxaa lagu ogaanayay xoolaha dadku haysto iyo beelaha cashuur dawladeed iyo xoolagoyn lagu soo rogi karo inta ay yihiin. Beelaha yaryar ee aan keligood istaagi karin, waxaa lagu tiirshay beel weyn. Tusaale, Aw-Midig iyo Facayo waxaa magta loogu daray Reer Xasan. Sidaas darteed waxaa matalayay duqa Reer Xasan.

Soo qoridda odayaashaan waxaa loo xilsaaray Ugaas Xirsi oo ahaa Ugaaska guud ee Talyaanigu u marayay Marreexaan. Waayadaan dadku Islaan khaalis ah ayuu ahaa. Gaalada waxaa loo arkayay nijaaso guuraysa oo la joogiddeeda iyo wax la qaybsigoodaba dulli uun laga qaado. Sidaa oo kale, lacag lama aqoon. Duunyada, oo uu geel u qiimo badan yahay, ayaa ahayd waxa keliya ee qiimo leh. Sidaa darteed ma jirin beelo tartan u galayay kala badsiga odayaasha Talyaanigu mushaharka u qoroyay. Hayeeshee Galtidii gadaal ka timid, waxay u badnaayeen dad magaalo-ka-warqabeen ah. Waxay fahansanaayeen mushaharka ka sokow, in awooddu dhinacaas martay oo hadba cidda maamulka la saayirtaa ay noqon doonto tan amarkeedu fulo. Waxay u jeel qabeen in ay si weyn isaga dhex arkaan xarumaha maamulka gumeystuhu joogo.

Ugaas Xirsi, si ay ku dhacdayba, beelihii oo dhan min hal oday ayuu u qoray. Kol ay ku tahay beelaha waaweyn oo dad badan ka joogeen sida Talxe hal oday keliya ayuu ansixiyay. Dacwo badan kama imaan beelahaan oo awalba gaalka la joogiddiisa musiibo ku dhacaysa ayay u haysteen. Dhinaca kale, Reer Ugaas Sharmaake, oo uu isagu ku jifo ahaa, saddex nin ayuu qalinka ku duugay iyo mid afraad oo xoogsaday. Hire Guhaad, Maxammud Dhoorre, iyo Xirsi Faarax Good ayuu geeyay xafiiska gumeystaha. Waxaa jiray nin afraad oo reebay oraah maahmaah noqotay. Ninkaas, oo la oran jiray Diini Jaamac, ayaa codsaday in lagu daro odayaasha la qorayo. Wuxuu ugaasku ku yiri Diini boos laguuma hayo. Wuxuu ku jawaabay Diini adigu buugga gadaal iiga qor anaa diriqsan doonee. Siduu rabay ayaa loo yeelay isna sidduu filayay ayay u noqotay oo ugu danbayn wuxuu ka mid noqday odayaashii mushahaariga ahaa. Reer Siyaad Ugaas wuxuu ku yiri hal nin keensada. Arrintaas waa u cuntami wayday waxayna u arkeen liidmo iyo ballanfur xagga ugaaska ka timid. Afar ka yar yeeli mayno ayay yiraahdeen. Wax walba oo Reer Ugaas Sharmaake helo waa in aan helnaa ayay ku celceliyeen. Laakiin isagu halkiisu ayuu ku adkaystay. Wuxuu u qabtay saddex cisho inay ku keenaan ninkii matali lahaa haddii kale uu ku dari doono beelaha aan magta iska bixin ee kuwo kale lagu kabo sidaasna ay ku waayi doonaan qof ku abtirsada oo gumeystaha u ag jooga. Haddii aad halka diidaan callaal ayaad cid kale ku noqonaysaan ayuu ku yiri. Reer Siyaad oo arrinta liqi la', laakiin ay u muuqatay in halku dhaamo waxba, ayaa aqbalay amarkii odayna sidaas ku gudbiyay. Isqoomkii koowaad halkaas ayuu ka bilowday. Reer Siyaad cabasho ayay bilaabeen. Sidii nimankii Ogaadeen ee ku kacay Ugaas Xaashi, ayay dacwdoodi bilaabeen inay gabay ku gudbiyaan. Guuleed Jucfe ayaa bilaabay tixdii u horreysay waxa uuna ku soo dhammeeyay sidatan:

Nafta waa tan suuliye haddii subax lagaa qaado
Sagaal aad dhashiyo ree Ugaas sadar kaloo taagan
Saddex igu wallahi ah inaan saari ree Magan'e

Reer Magan-ka Guuleed tilmaamayo waa Magan Shirwac Ugaas Sharmaake Ugaas Diini. Haddii Sharmaake curad u ahaa ilmo Ugaas Diini sidaasna ku helay ugaasnimada, ilmo Sharmaake waxaa curad u ahaa Shirwac. Nasiibdarro, Shirwac wuxuu geeriyooday Sharmaake oo weli nool oo ugaas ah. Markii Ugaas Sharmaake tii Eebbe u timid, dad badan ayaa u arkayay in Magan Shirwac oo ilmo Shirwac Sharmaake curad u ahaa xaq u leeyahay dhaxlidda ugaasnimada. Hasayeeshee waxaa la saaray Guuleed oo ahaa curad-ku-xigeenkii Ugaas Sharmaake, sidaas ayay Reer Ugaas Guuleed oo Ugaas Xirsi ka dhashay ay ugu meertay dhaxaltooyadii. Arrintaas ilmo Shirwac iyo tafiirtoodi waa ka dirireen, dagaal lagu hoobtay ayaana dhex maray iyaga iyo ilmaadeerradood. Sida meerisyadaas ka muuqata Guuleed wuxuu leeyahay ugaasnimadii waxaan u celinaynaa dadkii xaqa u lahaa ee reer Magan Shirwac. Xaqiiqdii Reer Siyaadku waxay isu arkayeen inay yihiin darbiga ku wareegsan ugaasnimada ee ka ilaaliya in la dhaco ama la dhaxal-wareejiyo. Taas ayaa keenaysa in hadalladoodu u ekaadaan kuwo talada gacanta ku haya oo go'aamin kara cidda ugaaska qaadanaysa iyo midda laga qaadayo.

Siyaad Barre Guuleed Cali ayaa u arkay in Guuleed marin habaabay oo qolada uu ka qaadayo xilka iyo kuwa uu leeyahay waan ku wareejin ay hal jifo isku yihiin, habdhaqankooduna isdoorin. Siyaad wuxuu leeyahay marka aad labo walaalo ah mid inta aad ka qaaddid ku kale u dhiibayso maan innagu qaadanno oo nin innaga mid ah, hadduu rabo kan noogu nacasan ha noqdee, saaranno. Wuxuu yiri Siyaad:

Guuleed hal aad sabinka tiri, ii saldhigi waaye
Waa kaa siyowdaye, ma marin surin dhiggiisiiye
Libaax socon, libaax sabo hurdiyo, kan u sinnaaraayo
Iyo saancaddaalaha dhurwaa, sixirka gawdiida
Dugaag adiga reerkaada sugi, waa isku wada siir'e
Kuuma kala sokeeyaan markaad, saari ree Magan'e
Safna waa u Sharmaakiyo kuwii, joogay Sarinleey'e
Kuwee baa saqiirka iyo hablaha, suudi ku hor joogsan?
....
Dadka ayaan saldano dooni hayn, sabiyo leelleel leh?
Salka ayaan ka dhalan, Diini buu boqorku saarnaaye
Faradhuuq haddaan saarto, yaa suuman iga jeexi?

Sugulle Xirsi Godgod ayaa ku soo biiray gabayga. Inuu soo galo waxaa qasbay Aw Axmed Diini oo tix uu Sugulle ku halqabsaday mariyay. Kuma guuleysan inaan helo tixdaas. Sugulle wuxuu ahaa nin reer balad ilbax ah oo la socda waxa dunida ka jira. Waa uu ka magac dheeraa ragga kale ee arrintaan ka gabyay. Sidaas ayaa keentay in gabaygiisu noqdo kan ugu caansan looguna hayn badan yahay gabayadii laga tiriyay arrintaan. Xagga abaalka isagu si shakhsi ah ayuu u gashaday Ugaas Xirsi oo waa taan kor ku soo sheegnay inuu ilaa Kismaayo lugeeyay si loo xaqiijiyo in Xirsi ugaas noqdo. Dhacdadaan ka dib, Sugulle Gedo waa isaga guuray oo wuxuu dhammaadkii 1900 iyo labaatanaadkii u wareegay Kismaayo caro awgeed. Halkaas ayuu kaga mid noqday odayaashii ugu miisaanka cuslaa ee Kismaayo. Lixdamaadkii horraantiisi wuxuu qayb ka noqday odayaashii laga reebay dhaxalkii hiddaha Soomaalida wuxuuna Raadiyow Muqdisho u duubay gabayo iyo sheekooyin badan sida uu sheegay Axmed Faarax Cali (Idaajaa). Arar ka dib Sugulle wuxuu gabayga ku bilaabay eedda uu tirsanayay iyo sababta goonida loogu faquuqay tolkiis, waxaa uuna yiri:

Dulmiga uu qabo ree Siyaad, dawga wuxuu joogo
Diirka iyo laftaa garan, ee dilan arwaaxiiye
Niman baa u soo diri, col aan bari u daahayne
Gabagabada roobkii da'aba daynka iga soocan

Oo aan xeer isugu kaaya daran, la iiga doonaynin
Dadba yaabye deerooy, waxaan la igu daba joogo
Wax la dooxo hadal baa u roon, oo lagu dawoobaaye
Waxa nagula dili waa caqliga, saabka noo dagaye
In dhawaydba dig-diigashada, la igu dabraynaayo
Doolaaladatan xaajadaan xun, oo la ila doonaayo
Daaskiinna waa loo malayn inay dishaa jeer'e
Muwaansan duul se qaayibin, kol baan sugay digniintiiye
Afartaas dammiin lama rabee, Deel ma ka higgaadshay
Ma daleeyay deelqaafku, waa kaa dilaay gabaye
Dood waxaan u naqay Ina Ugaas, hal aan dareensiiyay

Halkaan wuxuu Sugulle uga gudbay inuu ugaaska dareensiiyo jawrku dhibka uu leeyahay, in kelitalisnimadu saldanada god ku riddo, iyo waxa la joogaa in ay adduunyo tahay oo isbaddalkeedu badan yahay rag badan oo kibrayna caynku u wareegay isaga oo tusaalooyin uu ka mid yahay Aadan Galayr u soo qaatay. Wuxuu yiri:

Odaynimo nin loo dayay hadduu, daahir noqon waayo
Gobonnimo dantiisii hadduu, daacad noqon waayo
Diyaafadaha sooryada haddii, deeqba laga waayo
Bal ogaada dowr buu noqdaa, boqorki duuflaale
Arrin culus hadday soo degto, oo diirka ka

caddaato
Duqay iyo waxaa loo wacaa, duul xigaale eh'e
Hadduu isyiraah adaa isdeeqa, oo uu uunka kala dayrsho
Bal ogaada dabayl bay u kici, darajadiisiiye
Daaraha adduunyada Xirsow, waa dawaar socon'e
Bal ogow dhirtaba, dooggu wuu dhici diraacdiiye
Dowladahase nimaankii si adag, buugga lagu daalay
Oo daabacoodii, libaax diih leh laga yeelay
Bal ogow dameer kama wataan, duunyadoodiiye
Diqil waxaan dhammayn baa kharribay, Dir iyo Daaroode
Tala xumada doogteeda, waa lagu dufoobaaye
Digadaas ka badan reer intuu, lumiyey deelqaafe
Qabaalkii Daboolleyba ragbuu, diley naftiisii
Dun hadday geshaan kama keceen, degelladoodiiye
Caligerigu doorkuu ahaa, gedelkii daaduunye
Suubaan wuxuu diricyo dhalay, Mowdka loo dadabye
Rawixii Daboolan buu ku go'ay, duulkii reer Gorodde
Dugaag kama dhergeen kibir, haddaan loogu dowgelinne

Intaas wuxuu uga sii gudbay inuu ugu mannosheegto dadaalkii Reer Siyaad u galay in Ugaas Xirsi dhaxalkiisi helo. Wuxuu sidoo kale inoo iftiinshay abaalkii shakhsiga ahaa ee Sugulle naf ahaantiisa arrintaas ka geystay iyo sida uusan u helin abaalmarintii uu mudnaa.

Haddaan dacalka kuu buuxinnay, oo darajo kuu yeelnay
Diinaar haddaad, tolka kala damcayn beeso
Bal ogow inay daadataa, daacad wax u fiirso
Dalkaan maray dushaan shalay ku go'ay, socotadaan daalay
Iyo dul-yaxoobka igu dhacay, sidii nin duullaan ah
Digaagadna gaajaan la cunay, amar la doonkaa ehe
Rag abaalki lama dooriyee, kaama helin daw'e
Dafiraadda eeggaa, waxaan taray la ii diidye
Haddiise dacalka la ii dhaafayo, oo layba dayi haynin
Bal ogow docdii aan jiraa, loo dabbaaldagiye

Sugulle AUN, intaas ka dib wuxuu u baxay inuu dareensiiyo Ugaas Xirsi in saldanada uu ku fadhiyo rag kale looga celiyay welina ay dabo socdaan. Wuxuu tibaaxay in tolkiis dayr u ahaa la'aantoodna mar hore daleel laga qaadan lahaa. Wuxuu ku nuuxnuuxsaday inuu ilaa hadda la rabo wanaag iyo hoggaaminta beesha Sade. Wuxuu ugu danbayntii qaybtaan Sugulle ku tilmaamayaa in waanadiisu dhego awdan ku dhici doonto. Wuxuu ugaaska ku eedaynayaa in uusan diyaar u ahayn in uu dhegaysto cabashada Reer Siyaad.

Hadalkaan ayaa dabo socda mid laga soo wariyay Ugaas Xirsi naftiisa. Waxaa la sheegay, in markii loo sheegay Ugaas Xirsi gadoodka Reer Siyaad iyo eedda ay tirsanayaan, uu ku jawaabay: "Duddun baan u ahay eedda Reer Siyaad." Hadalkaan qofba dhinicii uu ka arkayay habdhaqanka Ugaaska ayuu u turjuntay. Intii daacadnimo iyo caddaalad u tiirinaysay Ugaaska waxay u qaateen inuu ula jeedo waan u adkaysan eedda iyo haaraanka raciyaddayda qaar ka mid ah ka timid oo waxba ka soo qaadi maayo. Kooxdii dhinaca kale taagnayd ee Reer Siyaad ka mid ahayd waxay u fasirteen in uu ula jeedo nin laandheere ah oo aan la liijin karin ayaan u ahay Reer Siyaad haaraankiisa. Taas ayuu Sugulle halkaan ku cabbirayaa.

Dadna waa isku xasad, oo boqornimada waa la isku dilayaaye
Saldanada rag baa daba socda, oo daynin waligood'e
Dagaal iyo xarbaa lagu helay, oo curudki loo diidye
Dayr adag ragbaa kugu noqdaye, laguuma daayeen'e
In daleesha laga qaatay baa loo danniyay show'e
In Sade se kugu diirsado baan jeclahay, ood dad u sarraysaaye
Danbina iguma aha, oo run baan daacad marayaaye
Gabaygaan dawaxay, waanadaan diirka ka caddeeyay
Duddun baad ka tahay, oo qalbigu waa dawaar xiran'e

*Maxaan uga dan leeyahay, bal maan daysto
   hadalkayga
Afartaas dammiin lama rabee, Deel ma ka
   higgaadshay
Ma daleeyay deelqaafku, waa kaa dilaa gabaye
Dood kalana waa aniga, iyo dan iska sheeggayga.*

Sidii caadada u ahayd maansayahannada Soomaaliyeed Sugulle wuxuu halkaan ka galay inuu ammaano nafsaddiisa iyo beeshiisa aadna ugu faano inuu yahay nin culus oo ka dhashay beel miisaan culus oo aan sinaba looga maarmi karin. Wuxuu beeshiisa u sawiray sidii dawlad dhan oo dhisan oo dhammaan bulshada qaybaheeda kala duwan laga helo. Aragtidaan waa mid ay Soomaalidu qabto. Qolo walba waxay isu aragtaa dawlad madax-bannaan oo iskeed u taagan. In ay dawlad dhexe oo dalka ka talisa u hoggaansanto waxay ula mid tahay iyada oo wareejisay madax-bannaanideedi. Tan ayaa qayb weyn ka ah sababaha dalka dawlad rasmi ah uga hirgali la'dahay. Wuxuu Sugulle, sidoo kale, si la mid ah middii Saahid Qamaan, gabayga ku xiray inuu isaguba xaq u leeyahay qabashada hoggaanka dhaqanka beesha Sade si uu uga harana haatan aysan muuqan. Wuxuu yiri:

*Dalka faaf, Dannood iyo Berbara, degalladii Saaxil
Dooxada Nugaaleed, Wardheer, iyo Digilka
   Mooyaale
Dooddayda waa laga hayaa, degalka Soomaal'e*

Dayax iyo Shamsaan ahay, iyo dirir arooryaad'e
Baqayl lama dugsado, ee waxaan ahay deeqsi loo bogay'e
Nin se hadduu qabiil door ah yahay, looma duurxulo'e
Oo laguma dayo xaajo, aan dawga mara hayn'e
Daba gaabis la igama dhigtoo, diiday amarkaas'e
Dar ilma-adeer ah, oo isku mid ah, oo uunku wada daawan
Dar kaloo duqowdoo guryaha, dubayo kaafaanka
Dar kaloo daliisha cilmiga, diinta laga fiirsan
Dar kaloo cilmiga daahay, oo qalinka sii daayay
Dar kaloo diillaamayoo, suuqa daban-deebi
Dar kaloo dumbuqa gaalada deegta wada saartay
Dar kaloo dil mooyee, maslaxo galin dubaaqooda
Dar kaloo duullaan rabta, iyo qolo inay deegto
Intaasaan dibnaha Ree Siyaad, darin la seexdaaye
Dadka waan u sarraynaa naflaha, Sadaha Doorood'e
Boqornimana la igama xigoo, Diini baa i dhalay'e
Sidee baan u dayn, gobonnimada la iga dacal baabay!

Waxaan isweydiin lahayn in markii aad aragto hab qaybinta Ugaaska ay kugu soo dhacayso inuu caddaaladdarro sameeyay. Intaas oo keli ah ma ahee, waxaa kuu sawirmi inuu qabyaaladiiste reerkiisa u sedbursha ahaa. In Reer Xasan, oo ka mid ahaa beelaha ugu badan dad ahaan, ugu hodansanaa Marreexaan dadkii ugu soo horreeyayna ku jiray, la siiyo hal oday oo keli ah, Reer Faarax Ugaas, oo jifo Reer Xasan ah markaas le'ekaana uu siiyo shan oday oo matasha, waxay kuugu muuqanaysaa mid aan cudurdaar loo helayn! Reer Axmed ayaa labo oday la siiyay halka Talxe oo ka tiro badan Reer Axmed mid keliya loo qoray. Waqtiga aan nool nahay ee wax walba lagu qaybsado qabiil, sedbursiga iyo eexduna udub-dhexaadka nolosha noqdeen waxaa kugu soo degdegaya in Ugaas Xirsi ahaa oday jifadiisa sida ay wax ku heli lahayd u taagan cid kalana aan dan ka lahayn.

Sidaas uma sahlana in la go'aamiyo waxa ku xanbaaray hab qaybintaan. Waxaa jira arrimo badan oo isbarkan, kuwaas oo noloshii waqtigaas, wixii dadka nafci u lahaa iyo waxa ay wanaag u yaqaanneen ay ka mid yihiin, oo keeni kara qaybta noocaas ah. Sidaan kor ku soo xusnay dadkii reer guriga ahaa waxay ahaayeen dad hodan ah oo xoolo badan leh. Waqtigaan lacag lama aqoon. Waxa lagu faano, dadna lagu yahay geela ayuu ahaa. Ninkii aan geel lahayn ayaa lagu yaqaannay aadidda magaalooyinka, dabashada kalluunka, iyo u shaqaynta gaalada. Maansayahankii weynaa ee Cali-Dhuux (AUN) waa isagii lahaa mar uu tusaalaynayay sababta geel uu ka soo qaaday culimo uusan u celin karin:

Ninkaan shiriyo heemaal lahayn sharaf ka
    dheeraaye
Karuur shaw leh caanaha shamaal looma soo

shubo'e
Shacabkana ma dhaafoo badduu shebeg ku
  tuurtaay'e
Shuqul gaalka kama maarmo oo shaahu kariyaay'e

Qiyaastii dhawr iyo toban sano ka dib markii Talyaanigu odayaasha lacagta u bilaabay, waxaa tix gabay ah tiriyay Guuleed Jucfe. Tixdaan wuxuu kaga warramay sida dunidii isu baddashay iyo waxyaabaha yaabka leh ee soo kordhay. Tuducyo ku jiray gabaygaas ayaa ina tusaya sidii geelu dadka u ahaa iyo in hadda lacag la bartay. Wuxuu yiri Guuleed:

Cubtan geela Cawl iyo Idiin Culus walaasheeda
Boqol cago leh wiil foofsadaa cuud lahaan jiray'e
Cayr weeye Liiraad ninkaan caawa meel dhigan'e
In maqaayad ceeshkii dhexgalay sow cunsura
  maaha

Beelihii maalqabeenka ahaa balad iyo beeso midna xiiso uma qabin. Xiito geel ayaa u soofaysay sankuneefle ay wax u ogaayeenna ma jirin. Taas waxaa u sii dheeraa iyada oo cidda mushaharka bixinaysaa uu yahay gaal cad oo kugu gumeysan doona gunnada yar ee uu ku siinayo. Oday reer dhan isagu xukumay oo xaajooyinka murga iyo maalinta xarbada ninka xal loo doonto ahaa, inuu noqdo mid gaal hoos jooga oo ka amar qaata waxay ahayd arrin aan maangal ahayn. Gabaygaas aan kor ku soo xusnay qayb ka mid ah ayuu Guuleed ku cabbiray sida dhaqankii isu baddalay. Odayaasha baagada qaata ee garta lala aadayo ayuu ku daray mucjisooyinka casrigu la yimid. Wuxuu yiri:

Arrin culus amuuro iscuskaday talo ciriiryowday
Curad iyo haddii caaqil iyo culimo loo yeero
Xaajada carrada saabataye soo cag-dhigi wayday
Rag cuquulahaa fiirin jiray camal-wareerkaase
Baagada ninkii cuna u gee sow cunsura maaha!

Sidaas darteed odayaashii reer guri waa iska diideen ka mid noqoshada odayaashii baagada loo qorayay. Waxaa i soo gaartay in dhammaan odayaashii Reer Xasan ay si cad u diideen ka mid noqoshada odayaasha gumeystaha loo gaynayo. Dadaal badan ayaa la galiyay in lagu qanciyo inay mid keenaan. Haddii warintaasu sax tahay, Ugaasku eed kuma lahayn in Xasan Gaalshireedle iyo beelihii ku aragtida ahaa min hal oday oo keliya la siiyo! Arrintaas jiritaankeeda waxaa xoojinaya inaysan muujin wax tabasho iyo eex laga galay toona sida Reer Siyaad oo kale.

Qadinta Reer Siyaad iyo u sedburinta Reer Ugaas Sharmaake wajiyo badan ayay yeelan kartaa iyaduna. Sidaan soo sheegnay Reer Siyaad waxay Ugaaska u muujiyeen daacadnimo iyo hoggaansan shuruud la'aan ah. Dhinaca kale, rag badan oo Reer Ugaas Sharmaake ah ayaa ku kacsanaa oo si cad u diiday ugaasnimadiisa. Waxaa laga yaabaa in uu islahaa kuwa dhibka iyo weerarka kugu haya iska qanci Reer Siyaadna niyadsan ayaa deeqda. Shakhsiyaadka Reer Ugaas Sharmaake ee uu qoray ayaa noo iftiimin kara jiritaanka arrintaas. Odayaal saamayn badan leh, dal aqoon ah, gumeysi la shaqaysi yaqaan ahaa, han-madaxnimo leh ayay ahaayeen. Hire Guhaad, tusaale ahaan, wuxuu ahaa oday la soo shaqeeyay Ingiriiskii oo dawlad-la-joog ahaa. E R Turton buuggiisa *"The Pastoral Tribes of Northern Kenya 1800-1916"* waxaa uu ku qoray sidatan: "Reer Faarax Ugaas waxaa hoggaamiya Faarax Good, oo da'ba ha ahaadee, weli ah nin amar leh. Waxaase caawiya labo hoggaamiye qabiil: Hire Guhaad oo ah dhallinyaro maskax furan ah iyo Xayle oo ah waayeel waxtarkiisu yar yahay".

Waqtiga uu sidaas Hire u muuqday weli Ugaas Xirsi lama caleemo saarin. Sida kuu muuqan karta haddii Faarax Good dhintay, Hire ayaa baddali lahaa maadaama ninka ku soo xigay uu ahaa xagga talada iyo hoggaanka waqtigaas. Waa caado aadane in la colaadiyo ruuxa sabab u noqda in aad waydo wax aad heli lahayd. Waa isla sababtaas midda munaafiqii ugu weynaa ee abid la collaytamay Nabi Muxammed NNKH, waa Cabdullaahi Ibnu Saluul e, uu uga dhaartay in uu Islaamo. Sidaas darteed Hire Guhaad weligiis ma aqoonsan ugaasnimada Ugaas Xirsi. Xirsi Maxammed ayuu ugu yeeri jiray oo afkiisa waxaa uu ka ilaalin jiray Ugaas.

Xirsi Faarax Good aabbihii ayaa ahaa odaygii Reer Faarax Ugaas ka hor imaanshaha Ugaas

Xirsi. Aabbihii waxaa dilay Cawlyahan aano qabiil darteed. Sidaan kor ku soo sheegnay, dilka Faarax Good beesha Cawlyahan wuxuu u ahaa guul weyn iyo dharbaaxo culus oo ay u geysteen Reer Faarax Ugaas oo loollan ka dhexeeyay. Ninkii lahaa gacanta dishay Faarax Good ayaa ku jiibsaday isagoo tilmaamaya in uusan la sinnayn ragga kale waxaa uuna yiri:

Ragga kale rag buu dilayee,
Aniguse dayax nuurkibaan ridayeey.

Haddii Xirsi aabbihii hoggaamiyaha beesha ahaa, iyada darteedna loo dilay, inuu dhaxlo isagu, ayaa ka go'nayd. Xirsi Faarax wuxuu ahaa nin ad-adag oo imaaro jecel sida lagu sheegay *Notizie Sul Territorio Di Riva Destra Del Giuba* oo la daabacay 1927-kii uuna qoray dhulmareen Talyaani ah oo Jubbalaan maray 1924-kii. Haddii uusan kuwa ku dheggan ee mansabkiisa ku haysta iska qancin way adkaan lahayd inuu adkeeyo seeska saldanadiisa.

Maxamuud Dhoorre waa ninka aan kor ku soo xusnay bilowgii ee Diiriye Shakuul yiri isagaa duq u ah qabiilada Sade. Wuxuu ahaa nin la shaqayn jiray Diiriye Guhaad jifana ay ahaayeen. Caaqil karti badan oo garasho dheer ayuu ahaa. Haddii Diiriye Shakuul uu isu arkayay boqorka Sade, Maxamuud wuxuu isu arkayay wasiirkiisa u qaabilsan fulinta hawlaha beesha. Sidaas ayay ugu adkayd in uu raciyad u noqdo Ugaas Xirsi.

Niyadsamida uu la aaday Reer Siyaad iyaduna ma ahayn mid uu ku gefsanaa haba ku hungoobee. Waayo dadka niyadsamida loo fisho oo loo qadiyaa waa arrin guun ah. Waa arrin ku beeran dabciga basharka oo kaaga muuqanaysa xaddaarad walba goor ay joogtaba. Waa mid aad ka arki karto maamulladii dalkeenna soo maaray iyo kuwa hadda joogaba. Waa arrin uu, sidoo kale, sameeyay Suubbanuhu NNKH. Goortii Islaamku furay Maka waxaa soo islaamay beeshii Quraysh iyo Carabtii kale ee Islaamka colka la ahaa. Wax yar ka dib waxaa dhacay dagaalkii Xunayn oo xoolo badan lagu helay. Waxaa la helay qaniimo tiro dhaaftay. Wixii Carab dhowaan soo islaamay ayaa Nabiga NNKH saf u soo galay. Waa siiyay wuxuu heli karay hagar la'aan. Ari iyo geel ayuu ka haqabtiray odayaashii magaca lahaa ee Carabtii reer Maka. Siismo kuwii qalbiga ka bukay shaki ka galisay caddaaladdii Suubbanaha NNKH ilaa uu mid yiri "Ilaah baan ku dhaartaye tani waa siismo aan dar Alle loo la jeedin". Odayaal gu'yaal badan warmo u sitay Muslimiinta, agoomeeyay ubad Muslimiin ah, asey u saaray haween Muslimiin ah, ayaa maal maanka dhaafay loo tuumiyay. Abuu Sufyaan oo la ogaa wuxuu dhigay maalintii Uxud, oo markaas maalmo keliya Muslin ahaa ayuu Suubbanuhu boqol geel ah siiyay. Cuyaynata ibnu Xisn iyo Aqrac ibnu Xaabis ayuu iyagana kiiba boqol geel ah moorada ugu xareeyay.

Waa maalintii uu u yimid Suubbanaha NNKH

Cabbaas binu Mirdaas oo ahaa duqii qabiilada banuu Saliim deedna ku yiri hebel iyo hebel boqol-boqol geel ah ayaad siisay anna konton ayaad i siisay. Igama aabbo fiicna igamana ragannimo badnee maxaad wax iiga dheeraysiisay. Marka uu xisaab la'aanta xoolahaas Quraysh iyo Carabtii reer Maka, oo Suubbanuhu NNKH ka dhashay, u siinayo raggii reer Ansaareed ee saboolka ahaa isha ayay ka eegayeen. Qalbigooda wax baa ku soo dhacay. Waxay liqi waayeen in raggii shalay soo islaamay, Maka dhowaan laga xoreeyay, waxba aan ku darsan halgankii dheeraa ee Islaamka lagu faafiyay maanta la siiyo wixii xoolo la helay. 'Dhibka ma innagaa leh, dheeftana iyaga' ayay iskula hadleen. Khabarkii ayaa gaaray Naxariis-badanihii NNKH. Hadal dheer ka dib waxa uu yiri hadal macnihiisu ahaa: Waxaan siin dad xoolo aad u badan si aan qalbigooda diinta ugu soo jiido; Kuwo ayaan qadin aan iimaankooda u wakiishay. Ansaareey ma ku raalli noqonaysaan in dadku la tago ari iyo geel idinkuna aad la tagtaan Rasuulkii Eebbe. *Haa* ayay ugu jawaabeen.

Iyada oo xaqiiqdu sidaas tahay, hubaashuna ay tahay in uusan Ugaasku u bareerin u sedburin tolkiis iyo qadin kuwii kale, haddana habqaybintaas dood ayaa ka furan. Waxaa muuqanaysa in intii maalinkaas xoog lahayd ama wax dhimi kartay kaal weyn loo daray, halka intii samirtay ama ka ajootay sida xun wax u doonka aan waxba laga soo qaadin. Marka la eego habka xildhibaannada matala beelaha Marreexaan ee lagu qaybsaday shirkii Imbakaati, waxaa kuu soo baxaysa in isla jidkaas la maray. Intii ka qayb gashay dagaalladii sokeeye, dhiigga daadisay dhibka ugu badanna geysatay ayaa markaanna la siiyay xubno aysan mudnayn haddii tiro iyo degaan wax lagu qaybin lahaa. Inkastoo qaybtaan danbe markay dhacaysay, aan hubo, inaan maanka lagu hayn middaas hore, haddana xeer hirgalay oo ruuxda reer Gedo ku jira ayuu u muuqdaa.

Wax qaybintaas ka sokow, waxaa jira dhacdoonyin dhawr ah oo Ugaas Xirsi AUN lagu eedeeyay inuu caddaaladdarro sameeyay. Midda ugu caansan ee in badan la sheego waxay ahayd in hal ay isku qabsadeen labo nin oo labaduba ay Ugaaska ku qabiil yihiin laakiin mid dhawr oday ka xigo kan kale. Labadii nin ayaa ku garrantay hashii. Midkii Ugaaska xigay wuxuu ahaa nin miskiin ah oo aan dood aqoon. Hadalkii ayuu ku margaday oo dooddiisi ayuu bayaamin waayay. Si fudud ayay guurtidii geedka joogtay kii kale ugu xukumeen hashii. Ugaas Xirsi markuu arkay sida ay xaajadu u dhacday ayuu yiri xaalku sidaas ma aha. Hebel aniga oo Xirsi Ugaas Maxamed ah ayaa la garramaya oo hasha ku haysta. Intaan kala baxayno, ugaasnimadu halkaas ha ii taallo. Ugaasku wuxuu garowsanaa inaysan suuragal ahayn inuu ninkaas hasha kula doodo isaga oo weli sita magac ugaasnimo. Haddii aad ugaas tahay dadka ayaad u dhexaysaa oo ma dhici karto in aad qaar gooni ah la saf noqoto. Arrintaan waxay muujinaysaa garasho badnaantii Ugaas Xirsi iyo intii uu ka horreeyay dadkii la noolaa. Gartii ayaa dib loo galay. Markaan waxaa garnaqsaday Ugaas Xirsi iyo ninkii doodda kale ku guuleystay. Gartii waxay raacday Ugaas Xirsi oo hashii u soo dhiciyay ninkii uu u arkayay in cod lagu xaqduudsiiyay. Dhacdadaan waa mid cajiib ah. Waxay si dhaqso ah maanka ugu soo diraysaa shucaacyo shaki galiya garaadka dadkii ugaaska la joogay waqtiga uu ugaasnimada meesha dhigtay. Waxaa isweydiin mudan sababta loo waayay ruux yiraahda, haddii aad ugaasnimada iska dhigto dib kuugu laaban mayso. Ugaasnimadu in ay noqoto shaati nadiif ah oo qalad laga ilaaliyo waa xaq. Laakiin, in si taas loo gaaro, la iska dhigo markii la galayo xaajo aysan ku habboonayn cid ku qabsato Ugaaska in la waayay waa mid maankayga wareerisay.

Sababta keentay in Ugaasku go'aankaas qaato nooma wada cadda. Dadkii soo raray sheekada qolaba dhinaca ay isaga shaqsiyaddiisa ka arkaysay ayay u soo guurisay. Qofkii u yaqaannay nin caddaaladdaran, qayb taas in ka mid ah ayuu u qaatay. Midkii yaqaannay wanaagga iyo niyadsamaanta Ugaaska ama si hoose xogogaal ugu ahaa arrinta hasha wuxuu u arkayay in Ugaasku dhowran waayay miskiinka xaqiisa af lagu qaatay. Ugaaska naftiisu middaan wuu dareensanaa. Sheekh Xasan Jaamac Jaad wuxuu ii sheegay in Ugaasku yiri: "Labo nin oo tolkey ah ayaa midna ii arkaa ninka dunida ugu caddaaladda badan midna ii arkaa kan ugu caddaaladda xun." Markii lagu yiri noo sheeg sida taas ay ku kala aamineen, wuxuu yiri: "Waxaan joogay meel nin miskiin ah xoolihiisa lagu qaatay. Kii qaatay ayaan ka soo celiyay oo aan siiyay midkii laga qaatay. Kaan u soo celiyay wuxuu ii arkay ninka ugu caddaalad wanaagsan dadka. Midkii aan ka qaaday xoolaha uusan lahayn wuxuu ii arkay eexlow caddaaladdarradu u geysay in uu faragaliyo arrin aanan u oollin."

Sheekadaan waxay xoojinaysaa jiritaanka in uu hasha si shakhsi ugu dooday oo soo dhacshay. Waxay sidaa oo kale ina tusaysaa inuu ahaa shakhsi aan u dul qaadan wax uu u arko gardarro oo jidkii ay dooontaba ha noqotee isku daya in uu xaqa siiyo ciddii uu isagu u arko in ay leedahay.

Banii Aadam kaamil ma noqdo. Lama fisho saxnaan joogto ah iyo qalad la'aan. Lagama rejeeyo ceeb iyo iin la'aan. Wanaag iyo xumaan isle'eg ama kala badan ayaa ka muuqan. Dhinacee u badnaa ma ogiye, maxaa looga helay lagama doodo. Hadduu xil hayo, looma fisho eed la'aan. Dadka uu horjoogo looguma hanqal-taago wada hoggaansan iyo addeecid. Maxay u diideen, maxay uga horyimaaddeen, maxay u maqli waayeen iyo maxaysan ugu hoggaansamin shakhsiga fiican waa la isweydiiyaa laakiin sidee ayayba u dhici kartaa meesha kuma jirto. Inta aan kor kaga soo sheekaynay intaas kama baxsana. Ugaasku, Alle ha u naxariistee, wuxuu ahaa aadane xil haya. Dadka kala duwan ee aan ka soo hadalnay iyaguna waxay ahaayeen aadane xil masuuliyad loo qaaday oo lagama eed beelo.

TOBAN

Waqti ku beegan 1948-kii ayuu galab u yimid odayaashii Marreexaan oo ku shirsan Garbahaarrey. Waxaa loo fadhiyay xallinta labo nin oo midba qolo gooni ah gacanteeda ku baxay. Sidii magta raggaas loo bixin lahaa ayaa laga doodayay. Wuxuu halkaas ka jeediyay dardaaran geeriyaad. Wuxuu ii sheegay Sheekh Xasan Jaamac Jaad, oo yiri goobjoog ayaan ahaa galabtaas, in Ugaasku hadalkiisi ku furay, "Sariirta aan caawa fuulo waxaan uga hoobto waa qabrigayga." Taas oo uu ula jeeday geeridaydi ayaa dhow. Halkaas ayuu dardaaran iyo sidii hawlaha taagan lagu xallin lahaa ka jeediyay wuxuuna u carraabay reerkiisi oo miyiga degganaa. Ayaamo ka dib ayuu ku geeriyooday Masalla-Adduun oo Garbahaarrey ka xigta qiyaastii 20 km dhinaca Galbeed.

Alle ha u naxariisto e, halkaas ayaa lagu aasay.

Kuwaas waa tageen wixii ku aaddanaana waa sameeyeen. "Waaqdhaac tabartii ayuu fartaaye" intii ay aqoontoodu gaarsiisnayd in ka badan ayay geysteen. Dhul ballaaran ayay fureen oo weliba hubiyeen in jiilalka ka danbeeya colaad dibadda ah iyagoon cabsi ka qabin ay ku noolaadaan. Marar badan dadnimo, wanaag, hoggaan suubban, iyo indheergaradnimo ayay muujiyeen. Eebbe ha u wada naxariisto.

Aamiin.

MAHADNAQ

Dadka sida goonida ah xogtaan uga qayb qaatay waxaa ka mid ah Ugaas Maxammed Ugaas Xaashi Ugaas Xirsi oo ah ugaaska beesha Sade waqti xaadirkaan. Xog aad u xaddidan oo qoyska keliya khusaysa ayaan ka helay. Sheekh Xasan Axmed-Nuur Aadan Deer, Maxamed Ibrahim Xasan ayaa qayb libaax ku leh helidda xog badan oo buuggaan ku jirta. Sheekh Xasan Jaamac Jaad oo ka mid ah dadka fara-ku-tiriska ah ee nolol la wadaagay Ugaas Xirsi, qaraabo dhowna ay yihiin, ayaan ka helay inta ugu badan ee ku saabsan noloshii Ugaaska. Gabayada intooda badan waxaa si hagar la'aan ah iigu caawiyay Sheekh Maxammed Cali Colaad Filig, Abwaan Maxamuud Axmed Colaad Filig, iyo Abwaan, Faylasuuf, Sheekh Siraad Nuurre Maxamuud.

TIXRAAC

Axmed Cabdi Haybe, Qamaan Bulxan: Taariikh iyo Maansooyin. Luuqadda Soomaali. 2017.

Cabdalla Cumar Mansuur, Taariikhda Afka iyo Hiddaha Soomaaliyeed. Daabacaad 2aad. Luuqadda Soomaali. 2016.

Cabdiqaadir Aroma (2005). Haddimadii Gumeysiga. 2005.

Cabdulqaadir Nuur Xasan (Maax). Diiwaanka Xiddigaha Maansada. Daabacaddi 3aad. 2014.

Cabdirisaaq Suldaan Kaahiye & Maxamed Suldaan Kaahiye, 2016. Taariikh Nololeedkii Hoggaamiyayaashi Dhaqanka Marriixaan Dhoobleey ee dhulka Dooy.

Cali Shiikh Aadan (2017): Taariikhda Beesha Marreexaan, Nasbkeeda iyo dadkeedi Caanka ahaa (af Carabi).

Edmund, Romilly Turton. The Impact of Mohammad Abdille Hassan in the East Africa Protectorate, 1969 (af Ingiriisi).

Edmund, Romilly Turton (1970). The Pastoral Tribes Of Northern Kenya 1800–1916 (af Ingiriisi).

Enrico Cerulli, (1957). Somalia. Waxaa lagu soo xigtay: Francesca Declich (2003) Dynamics of Intermingling Gender and Slavery in Somalia at the Turn of the Twentieth Century (af Ingiriisi).

H. S. Lewis, (1966). Origins of the Galla and Somali. The Journal of African History, 1966 (af Ingiriisi).

Harold, C. Fleming, (1964). Biaso and Rendille: Somali Outliers. Rassegna di Studi Etiopici. Vol. 20: 35-96 (af Ingiriisi).

I.M. Lewis. (1961a). The So called Galla Graves of Somaliland (af Ingiriisi).

Axmed Faarax Cali Idaajaa, (2017). Silsiladda Xulka Sugaanta Soomaalida, 2017. Loohpress.

L. N. King, (1928). The work of the Jubaland Boundary Commision. The Geographical Journal. Vol 72, No. 5 (af Ingiriisi).

Notizie Sul Territorio Di Riva Destra Del Giuba, 1927 (af Talyaani).

Safiyur Raxmaan al-Mubaarakufuuri, Ar-Raxiiqul Makhtuum. Luuqadda Carabi (af Carabi).

Siciid Cismaan Keenaddiid. Xusuusqor, 2013. Anchore Print Group Ltd.

www.ingramcontent.com/pod-product-compliance
Lightning Source LLC
Chambersburg PA
CBHW021148080526
44588CB00008B/260